通关典型案例启示录

"关务通·监管通关系列"编委会 ◎ 编著

中国海关出版社

图书在版编目（CIP）数据

通关典型案例启示录／"关务通·监管通关系列"编委会编著．
—北京：中国海关出版社，2013.10
（关务通·监管通关系列）
ISBN 978-7-80165-980-4

Ⅰ．①通… Ⅱ．①关… Ⅲ．①海关-业务-中国
Ⅳ．①F752.5

中国版本图书馆CIP数据核字（2013）第215855号

通关典型案例启示录
TONGGUAN DIANXING ANLI QISHILU

作　　者：	"关务通·监管通关系列"编委会
出 品 人：	杨振庆
总 策 划：	谭宁
策划团队：	赵中娜　刘倩　钟刘　郭坤　马超
责任编辑：	钟刘　刘倩
责任监制：	王岫岩

出版发行：中国海关出版社

社　　址：	北京市朝阳区东四环南路甲1号	邮政编码：	100023
网　　址：	www.hgcbs.com.cn；www.hgbookvip.com		
编 辑 部：	01065194242-7590（电话）	01065194234（传真）	
发 行 部：	01065194221/4238/4246（电话）	01065194233（传真）	
社办书店：	01065195616/5127（电话/传真）	01065194262/63（邮购电话）	
	北京市建国门内大街6号海关总署东配楼一层		
印　　刷：	北京京都六环印刷厂	经　　销：	新华书店
开　　本：	710mm×1000mm　1/16		
印　　张：	16.25	字　　数：	246千字
版　　次：	2013年10月第1版		
印　　次：	2013年12月第2次印刷		
书　　号：	ISBN 978-7-80165-980-4		
定　　价：	60.00元		

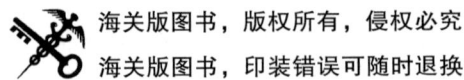

海关版图书，版权所有，侵权必究
海关版图书，印装错误可随时退换

"关务通·监管通关系列"编委会

主　任：徐道文
副主任：李　伟　何晓睿　苗跃学　邢海潮　江予良
委　员：刘　卫　刘苏振　李华东　黎伟雄　蒋印华　付绍滨
　　　　周亚春　武跟平　李　蒴

"关务通·监管通关系列"统审组

成　员（按姓氏笔画排序）

马　颉　马海涛　王　弢　王　胜　王　晶　王洪亮
毛建平　孔维韬　叶　萌　白晓东　白乾民　朱　菁
任继东　刘文杰　刘宏波　孙开宇　孙亚军　杨新宇
李　宁　李明华　李佳昱　肖　宇　吴佩健　张　琪
张　辉　张松泉　陈立国　罗　毅　周亚蒴　赵晓玉
侯晓蕾　顾佩军　徐　瑞　殷　枫　殷　浩　唐　丹
符应秋　覃河宁　曾纪锐　蔡　斌

"关务通·监管通关系列"编写组

成　员（按姓氏笔画排序）

王　超　尹怀志　艾　迪　白　锋　冯洁平　朱　彦
刘欣侠　杨奕群　李文龙　邹仕健　沈洪淇　张化强
张吴军　张昊军　张海剑　陈　葵　范　宇　林远明
郑　锐　战　俭　段周佳　莫润林　徐贵元　高　举
高剑影　梁庆华　梁始联　梁穗明　解　娜　蔡明辉
潘琪琳

前　言

海关作为国家进出境监督管理机关，执行国家贸易管制、检验检疫、环境保护、生态保护、知识产权保护、反恐、禁毒等20多项法律法规，对国家进出口（境）各项管理活动做最后环节的审查，同时海关还肩负着关税政策、查缉走私、贸易统计等职能，执法范围宽泛，涉及面广，体现出较强的法制性、政策性、专业性和复杂性。海关监管的对象虽然是进出关境的"物"，但是因为"物"的流动，与"物"有关的运输工具、仓储场所、车站码头，甚至运输线路都连带成为海关监管对象；因为"物"的所有权和保管权，进出境"物"的所有人、收发货人、代理人、监管场所经营人及管理人、运输工具的所有人及驾驶人等等看似与进出口货物不相干的诸多相对人均与海关构成法律关系。在实际进出口管理过程中，我们发现有很多企业由于不了解海关繁杂的管理渠道和法律法规，或因主观的疏忽和理解的偏差，造成违法违规而接受处罚，损失财产；甚至因对法律后果的认识不足涉嫌走私犯罪，殊为痛心。

本书编辑的出发点就是以案说法，由表及里，由点及面，选取了近些年在监管通关领域具有典型性的案例，分别站在企业和海关的不同角度，从个案中分析某一类型的业务问题可能面临的法律风险，提出最佳的解决路径。

本书主要有以下特点：

一是专业性。本书是在去年相关系列丛书的基础上，由海关总署监管司组织监管通关领域的多名一线专家集中编写。本书精心选取进出口企业易歧解、易混淆、易忽视的专业性、技术性较强的复杂案例，悉心加以分析，方便企业在贸易实践中参考。

二是典型性。本书选取海关通关环节各节点的典型案例，在当事人、主观意图、违规方式、海关判罚等方面，均具有一定的典型性和代表性，反映了海关立法本意和执法的标准。案例中深入浅出的剖析与精心总结的海关提示，为企业依法解决问题提供了有益借鉴。

三是实用性。本书案例均来自全国海关监管通关领域，并经司法部门审核，具备对外普法意义。所有案例结合了通关流程中的各个知识点，既有翔实的案情分析，又有相关的法规链接与举一反三的案例启示，具有很强的实用性。

阅读本书时，建议与系列丛书中的《便捷通关一本通》《快速通关自查手册》《进出境物品通关攻略》等一起配套使用，以便更好地掌握通关全过程及相关业务知识，切实解决通关难题。

本书具体由海关总署监管司委托南京海关牵头，天津海关、深圳海关参与写作，其中"货物篇"由天津海关郑锐同志负责编写，"运输工具篇"由南京海关陈葵同负责编写，南京海关张吴军同志、深圳海关张伟兰同志分别参与撰写了"监守场所及舱单""本往港澳小型船舶"等，最后由海关总署监管司审定。

本书在组织编写、统审稿等过程中得到了北京海关、天津海关、大连海关、上海海关、南京海关、青岛海关、长沙海关、广州海关、深圳海关、拱北海关、黄埔海关、兰州海关，上海海关学院、中国海关管理干部学院的大力支持，特此表示衷心的感谢！

由于时间仓促，水平有限，书中不妥之处在所难免，恳请读者批评指正。"关务通"邮箱：guanwutong@ mail. customs. gov. cn。

"关务通·监管通关系列"编委会

目 录

货物篇

第一章 申报 ……………………………………………………… 3

第一节 申报人资质 …………………………………………… 3
  案例一 出借报关资质 …………………………………… 3
  案例二 对于违规行为进行双罚的案例 ………………… 8

第二节 进出口货物的收发货人应履行的义务 …………… 10
  案例 快件邮寄渠道走私 ……………………………… 10

第三节 申报时限 …………………………………………… 15
  案例 货不到申报 ……………………………………… 15

第四节 正确申报商品归类 ………………………………… 18
  案例一 申报不实影响监管证件 ……………………… 18
  案例二 某公司伪报税号偷逃出口关税案 …………… 21

第五节 正确申报进出口货物完税价格 …………………… 26
  案例一 低报进口价格偷逃税款 ……………………… 27
  案例二 低报货物进口完税价格 ……………………… 33
  案例三 申报不实造成漏税 …………………………… 39

第六节 提供必要单证 ……………………………………… 43
  案例一 某储运公司变造海关单证 …………………… 43
  案例二 某公司变造海关单证 ………………………… 44
  案例三 进口国家禁止进口的固体废物 ……………… 47
  案例四 逃避许可证件 ………………………………… 52

         案例五　无法提供海关单证造成违法 ········· 55
         案例六　无证出口军需品 ················· 58
         案例七　无证进口两用物项货品 ··········· 61
         案例八　无证进口易制毒货物案 ··········· 65
    第七节　申报的其他要素 ························ 71
         案例一　错误申报境内货源地 ············· 71
         案例二　多报少出涉嫌骗取退税 ··········· 74
         案例三　错误申报数量影响退税 ··········· 79
         案例四　申报错误造成统计差错 ··········· 82

第二章　关税的征收、减免和监管货物的处置 ············· 87
    第一节　关税的征收主体和课税对象 ·············· 87
         案例　内海走私普通货物罪 ··············· 87
    第二节　减免税相关案例 ························ 94
         案例一　减免税货物挪作他用 ············· 94
         案例二　减免税货物擅自变卖案 ··········· 98
         案例三　使用虚假文件办理减免税 ········· 101

运输工具篇

第一章　进出境运输工具 ······························ 109
    第一节　进出境国际航行船舶 ···················· 109
         案例一　国际航行船舶擅自驶离案 ········· 109
         案例二　国际航行船舶擅自下货案 ········· 114
         案例三　擅自开启烟酒库海关封志案 ······· 118
         案例四　新造船出口装货添加物料 ········· 122
         案例五　非开放码头运载出口货物案 ······· 125
         案例六　国际航行船舶船员擅自上下船案 ··· 130
         案例七　漏缴船舶吨税案 ················· 133
         案例八　修理船舶吨税延期 ··············· 138
         案例九　盗用国际航行船舶资质违规供应案 · 142
         案例十　扫舱地脚料擅自销售案 ··········· 145

目录

- 第二节 来往港澳小型船舶 …………………………… 151
  - 案例 小型船舶擅自停航、改装案 …………………… 151
- 第三节 进出境民用航空器 …………………………… 154
  - 案例 机组人员携带冰毒出境案 …………………… 155
- 第四节 来往港澳公路货运车辆 ……………………… 161
  - 案例一 车辆备案地点不符合资质要求 …………… 161
  - 案例二 车辆擅自改装，海关不予备案 …………… 163
  - 案例三 涉案车辆注销备案 ………………………… 165
  - 案例四 损毁车辆不再从事港澳运输注销海关备案 … 168

第二章 承运境内海关监管货物的运输工具 …………… 172
- 第一节 车辆 …………………………………………… 172
  - 案例一 转关车辆擅自开启海关封志案 …………… 172
  - 案例二 逾期不年审被海关注销 …………………… 175
- 第二节 船舶 …………………………………………… 178
  - 案例 海关监管船舶未经海关同意混装非海关监管货物 … 178

第三章 用于装载海关监管货物的集装箱和集装箱式货车 … 180
- 案例 自备箱进境后不复出境未向海关申报案 …… 180

第四章 舱单 …………………………………………… 182
- 第一节 进口舱单 ……………………………………… 182
  - 案例一 进口舱单重量数据传输不准确案 ………… 182
  - 案例二 进口舱单无效电子数据未删除案 ………… 183
- 第二节 出口舱单 ……………………………………… 193
  - 案例 未在规定期限内向海关传输出口舱单电子数据案 … 193
- 第三节 舱单变更 ……………………………………… 197
  - 案例 进口舱单装货港变更不准确案 ……………… 197

海关监管场所篇

第一章 海关监管场所的设立 ……………………………… 207
- 第一节 监管场所的设立 ……………………………… 207
  - 案例 场所租赁期不符条件的案例 ………………… 207

第二节　监管场所的验收 ·· 212
　　案例　场所内外贸场地未区分的案例 ·························· 212
第三节　监管场所的变更 ·· 225
　　案例　场所业务范围改变未变更的案例 ······················ 225
第四节　监管场所的延续 ·· 228
　　案例　场所有效期未及时延续的案例 ·························· 228

第二章　监管场所的日常管理 ·· 231
第一节　海关监管场所在进出境运输工具停靠期间的责任和义务 ····· 231
　　案例　监管场所擅自放行运输工具供应物料案 ············· 231
第二节　监管场所装卸、存储海关监管货物的责任和义务 ········ 235
　　案例　监管场所擅自开启海关封志案 ·························· 235

第三章　监管场所的海关管理 ·· 238
第一节　监管场所的巡查 ·· 238
　　案例　内贸货物储罐存放外贸货物案 ·························· 238
第二节　监管场所的卡口管理 ·· 240
　　案例　场所擅自放行海关监管货物案 ·························· 240
第三节　监管场所的视频监控 ·· 242
　　案例　场所视频摄像头未能录像3个月的案例 ············· 243

货物篇

第一章 申报

进出口货物的申报是海关货物通关的第一步，是确定进出口货物的完税价格、适用税率和监管证件等要素的重要环节。哪些人可以向海关申报？申报时要注意哪些问题？下面我们先通过几个案例来分别分析一下。

第一节 申报人资质

根据《中华人民共和国海关法》（以下简称《海关法》）第九条规定，进出口货物，除另有规定的外，可以由进出口货物收发货人自行办理报关纳税手续，也可以由进出口货物收发货人委托海关准予注册登记的报关企业办理报关纳税手续。收发货人、代理人、委托人在进出口货物的申报行为中承担着不同的法律责任，超出其业务范围进行报关活动就有可能会触犯法律法规。

案例一

出借报关资质

某保税仓公司（A公司）为了拓展业务范围，承接代理客户办理

货物进出口手续的业务，但是由于自身没有代理报关资质，其承接的代理业务都是委托当事人某报关有限公司（B公司）代理报关的，因此双方建立了长期的合作关系。为了方便操作，B公司提供了1张该公司报关专用的IC卡给A公司，A公司员工以B公司的名义进行报关录入等工作，最后由B公司指派1名报关员在报关单正本上签字盖章。2010年7月，A公司在代理其他公司进口1台船舵的时候，A公司的工作人员因为工作失误，在制作报关单底单时将货物的境内目的地"浙江舟山"误写为"？"，随后，A公司按照制作好的底单并持B公司的IC卡将上述内容录入海关报关系统，向海关申报。B公司的报关员王某在签注报关单正本时也未进行合理审查，没有发现报关单与随附单证显示的货物境内目的地不一致的情况。

2011年1月，海关认定当事人B公司作为进口货物的报关企业，对委托人所提供情况的真实性未进行合理审查，导致申报进口货物的境内目的地与实际不符，构成申报不实的违规行为。为此，海关对其作出罚款人民币1 000元的行政处罚决定；此外，海关还认定当事人B公司出借本单位名义供他人办理报关手续也构成违规行为，对其予以警告，并责令改正。

一、关键点分析

（一）企业在海关注册是从事报关的前提

1. 进出口货物，除有特别规定的外，可以由进出口货物收发货人自行办理报关纳税手续，也可以由进出口货物收发货人委托海关准予注册登记的报关企业办理报关纳税手续。

2. 企业办理报关手续，必须依法经直属海关注册登记，并且由专业的报关人员具体办理。

3. 报关人员必须依法取得报关从业资格。报关人员须通过参加全国海关报关员资格考试,取得"报关员资格证书",然后持资格证书经海关备案注册并颁发"报关员证"后才能执业。

4. 报关企业注册登记仅供本企业使用,不得以任何形式出让名义,供他人办理报关业务。

(二)企业无视法规图省事导致受到处罚

1. 报关企业、报关人员出让其名义供他人办理进出口货物报关纳税事宜的,由海关责令其改正,给予警告,可以暂停6个月以内从事报关业务资格。

2. 1年内有3人次以上被海关暂停执业的,或者被海关暂停报关业务或者执业,恢复从事报业业务或者执业1年内再次出让名义供他人使用的,海关可以撤销报关企业的注册登记,取消报关人员的从业资格。

3. 被撤销报关注册登记的,不得再次注册登记为报关企业;被取消报关从业资格的报关员,不得再次申请报关员注册从业。

二、法规链接

(一)《海关法》相关条款

第九条 进出口货物,除另有规定的外,可以由进出口货物收发货人自行办理报关纳税手续,也可以由进出口货物收发货人委托海关准予注册登记的报关企业办理报关纳税手续。

第十一条 进出口货物收发货人、报关企业办理报关手续,必须依法经海关注册登记。报关人员必须依法取得报关从业资格。未依法经海关注册登记的企业和未依法取得报关从业资格的人员,不得从事报关业务。

第八十七条 海关准予从事有关业务的企业,违反本法有关规定的，由海关责令改正，可以给予警告，暂停其从事有关业务，直至撤销注册。

（二）《中华人民共和国海关行政处罚实施条例》相关条款

第二十六条 报关企业、报关人员和海关准予从事海关监管货物的运输、储存、加工、装配、寄售、展示等业务的企业，有下列情形之一的，责令改正，给予警告，可以暂停其6个月以内从事有关业务或者执业：

……

（二）报关企业出让其名义供他人办理进出口货物报关纳税事宜的；

……

（三）《中华人民共和国海关对报关单位注册登记管理规定》相关条款

第五条 报关单位注册登记分为报关企业注册登记和进出口货物收发货人注册登记。

报关企业应当经直属海关注册登记许可后，方能办理注册登记。

进出口货物收发货人可以直接到所在地海关办理注册登记。

第四十七条 报关企业从事报关服务，应当履行以下义务：

（一）遵守法律、行政法规、海关规章的各项规定，依法履行代理人职责，配合海关监管工作，不得违法滥用报关权；

（二）依法建立账簿和营业记录。真实、正确、完整地记录其受委托办理报关业务的所有活动，详细记录进出口时间、收发货单位、报关单号、货值、代理费等内容，完整保留委托单位提供的各种单证、票据、函电，接受海关稽查；

（三）报关企业应当与委托方签订书面的委托协议，委托协议应当载明受托报关企业名称、地址、委托事项、双方责任、期限、委托人的名称、地址等内容，由双方签章确认；

（四）不得以任何形式出让名义，供他人办理报关业务；

（五）对于代理报关的货物涉及走私违规情事的，应当接受或者协助海关进行调查。

三、案例启示

报关企业、报关人员办理报关业务容易违规的几个方面具体如下：

1. 报关企业接受委托人的委托，以委托人的名义办理报关手续的，应当对委托人所提供情况的真实性进行合理审查。

如果委托人提供单据中存在"单单不符"，报关企业没有发现或者发现后没有核实而最终导致申报内容与实际进出口货物不符的；或者委托人提供的单据资料"单单相符"且"单货相符"，而报关企业疏忽大意导致申报内容与实际进出口货物不符的，报关企业都要承担不高于进出口货物价值10%的罚款。情节严重的，海关还可以撤销报关企业的注册登记，取消报关员的报关从业资格。

2. 报关企业接受委托人的委托，以自己的名义办理报关手续的，报关企业应当承担与进出口货物收发货人相同的法律责任。

3. 报关企业、报关人员出让名义供他人办理进出口货物报关纳税事宜的，如果发生上述申报不实违法，除承担出让名义的法律责任外，还要按照上述规定承担申报不实的法律责任。

上面的案例充分说明自己的权利要正确地运用，违规使用就有可能害人害己。在日常的经营行为中，我们还会遇到一种情况，企业人员擅自作出的某些经营行为违反了海关规定甚至触犯了法律，企业会承担什么样的责任呢？下面就新的案例进行介绍说明。

案例二

对于违规行为进行双罚的案例

2004年10月，某空调设备有限公司经办人员施某与江苏某保税仓库业务人员唐某商定，向海关备案申请以保税仓库货物的贸易方式申报进口一批空调设备，共计2 174台。在操作中，因该空调设备有限公司资金周转困难而客户要货时间紧急，因此，施某与唐某商定，货物报关后实际不进保税仓库，而直接交由施某公司提走使用，待施某公司资金回收后再补办出库及缴税手续。最后案件被查获，货物价值折合人民币共计9 536 654.92元，涉及税款人民币2 126 664.63元。2005年10月，海关认定该空调设备有限公司和江苏某保税仓库构成擅自提取、交付海关监管货物违规，除分别处以罚款人民币100万元外，一并认定二公司经办人施某和唐某应当承担单位违规的直接责任人员责任，对二人均予以罚款人民币1 000元。

一、关键点分析

1. 对单位违规按照对应的具体违规行为和法律规定予以处罚，对单位的负有责任的主管人员和直接责任人员予以警告，没收违法所得，可以并处与违法所得数额相当但不超过人民币5万元的罚款。

2. 直接负责的主管人员或者直接责任人员有违法所得的，违法所得由海关予以没收，并处警告或者罚款；没有违法所得的，只予以警告或处罚款。

二、法规链接

《中华人民共和国海关行政处罚实施条例》相关条款

第三十二条 法人或者其他组织有违反海关法的行为，除处罚该法人或者组织外，对其主管人员和直接责任人员予以警告，可以处 5 万元以下罚款，有违法所得的，没收违法所得。

三、案例启示

1. 本案中仅对两名直接责任人员分别处以人民币 1 000 元的罚款，但不具有参照作用。因为其行为发生于 2004 年 10 月，根据从轻的原则，本案适用的法律依据是《中华人民共和国海关法行政处罚实施细则》（已废止）罚款统一为人民币 1 000 元的相关规定。而自 2004 年 11 月 1 日起开始施行《中华人民共和国海关行政处罚实施条例》规定的罚款数额为人民币 5 万元以下。

2. 单位包括公司企业法人、机关、事业单位、社会团体和其他组织如个体工商户、进出境运输工具等，以及上述实体中可以自主决策、独立开展业务、独立进行财务核算的内设部门。

3. 单位负责违规行为的分管、审批、指挥、决策、协调等管理的人员属于主管人员，负责违规行为的具体业务联系、操作和经办的人员属于直接责任人员。

4. 单位工作人员超越职责权限并未向主管人员汇报并经批准同意，自主决策并借助、利用单位名义行事，收益归个人或者主要归个人所有的，不认定为单位行为，而以个人违法论处。

5. 违法所得是指为行为人通过违法行为所获得的收益，实践中一般认为应当界定为违法行为人通过违法行为所获得的正常收入以外的额外收益，但不扣除为实施违法行为而投入的额外支出。

第二节　进出口货物的收发货人应履行的义务

进出口货物的收发货人作为进出口货物的物权人，是大部分海关事务的责任人，除依法申报和纳税外，还有很多需要承担的责任，下面通过快件邮寄案例进行说明。

案例

快件邮寄渠道走私

北京某医疗设备公司的主要业务是销售医疗器械和科技产品的技术、咨询、服务、转让等。随着国内心脏支架等手术的增加，相关的心脏支架等医疗用品需求量不断增加，而且进口支架等费用昂贵，利润空间巨大。2005年至2007年4月间，该公司总经理陈某与居住在美国的谭某不约而同看中了进口心脏支架的"钱途"。为降低进口成本，牟取暴利，两人密谋，通过快件邮寄渠道，以伪报物品品名、价格等方式逃避海关监管，走私进口心脏支架、球囊、导丝、飘浮电极等医疗用品，共计257个快件包裹，价值人民币9 123 451元，偷逃应缴税款人民币1 977 964元。

为收取部分货款，谭某与其在镇江某银行任职的弟弟张某商定：利用其弟在银行工作的便利，由其弟提供账户，并负责在国内向陈某收取部分走私进口支架、球囊等医疗用品的货款，并按其兄谭某要求将收取的走私货物货款通过银行转账到其指定的国内银行账号，以便谭某设法转至美国。此外，张某在明知其他部分货款是其兄走私所得的情况下，还帮其将该部分走私货款通过银行转账到其兄指定的国内银行账号，以隐瞒其来源。

2007年12月，法院经审理认定：北京某医疗设备公司构成单位走私犯罪，判处罚金人民币300万元，该公司总经理陈某犯走私普通货物罪，判处有期徒刑3年，缓刑4年。镇江某银行职员张某在明知其兄谭某与陈某通过快件邮寄渠道走私货物的情况下，与走私犯罪通谋，为其提供账号及保管、邮寄方便，并帮助催要、收取走私犯罪赃款，应以走私普通货物罪共犯论处，判处有期徒刑3年；且其明知是走私犯罪的违法所得，为掩饰、隐瞒其来源和性质，仍协助进行资金转移，其行为又构成洗钱罪，判处有期徒刑6个月，数罪并罚，决定执行有期徒刑3年，缓刑4年，并处罚金人民币105万元。

一、关键点分析

本案是一起典型的通过快件邮寄渠道走私，并且提供账户、资金等便利构成走私普通货物犯罪共犯的案件。

（一）邮寄物品有限量规定且超过限值必须报关

世界各国对个人邮寄货物、物品进出境都有一定的限量或限值的规定，按照我国海关规定，个人寄自或寄往港、澳、台地区的物品，每次限值为800元人民币；寄自或寄往其他国家和地区的物品，每次限值为1 000元人民币。

海关在进出境监管时对货物、物品有着严格的法律定义，以示区分。《中华人民共和国海关行政处罚实施条例》第六十四条规定："物品"，指个人以运输、携带等方式进出境的行李物品，邮寄进出境的物品，包括货币、金银等。超出自用、合理数量的，视为货物。"自用"，指旅客或者收件人本人自用、馈赠亲友而非为出售或者出租。"合理数量"，指海关根据旅客或者收件人的情况、旅行目的和居留时间所确定的正常数量。因此，我国海关对进出境物品限于个人自用，且数量需合理，两者必须同时具备。个人邮寄进境物品，海关依法征收进口税，但应征进口税税额在人民币50元（含50元）以下的，海关予以免征。

对于个人邮寄的自用、合理数量范围内的进出境物品，如果超出以上规定限值的，应办理退运手续或者按照进出口货物规定办理通关手续，需要缴纳税款的，按照对进出口货物的规定征税。但邮包内仅有一件物品且不可分割的，虽超出规定限值，经海关审核确属个人自用的，可以按照个人物品规定办理通关手续。

因此，按照海关规定，即使属于个人物品也要如实申报，且超过限值必须按照进出口货物办理通关手续。对于进出口货物，绝不能向海关申报为个人物品，以此混淆货物、物品的区别，借以偷逃税款。

（二）通谋后提供便利的构成共犯同担责任

《中华人民共和国刑法》（以下简称《刑法》）规定："与走私罪犯通谋，为其提供贷款、资金、账号、发票、证明，或者为其提供运输、保管、邮寄或者其他方便的，以走私罪的共犯论处。"因此，行为人如果实施了与走私罪犯通谋，为走私犯罪分子提供贷款、资金、账号、发票、证明等协助，或者为其提供运输、保管、邮寄或者其他方便的行为，说明行为人在主观上与走私罪犯已达成一致的犯罪故意；在客观上，其提供协助或者方便的行为也属于走私行为的一部分，与走私犯罪分子仅仅是地位不同、作用不同而已，符合走私犯罪的犯罪构成，在刑法中将此类行为规定为走私罪的共犯，并以实际触犯的走私罪罪名进行处罚。

（三）"洗钱""漂白"也构成犯罪

《刑法》第一百九十一条规定，明知是毒品犯罪、黑社会性质的组织犯罪、恐怖活动犯罪、走私犯罪、贪污贿赂犯罪、破坏金融管理秩序犯罪、金融诈骗犯罪的所得及其产生的收益，为掩饰、隐瞒其来源和性质，提供资金账户、协助将财产转换为现金、金融票据、有价证券、通过转账或者其他结算方式协助资金转移以及协助将资金汇往境外等行为，是洗钱犯罪。洗钱罪有一个显著的特点，即实施洗钱犯罪的前提是有其他相关犯罪行为的存在，并且这些犯罪行为产生了非法收益，这种前提性的犯罪行为被称为"上游犯罪"。走私犯罪是洗钱犯罪的上游犯罪之一，在大多数走私犯罪中，犯罪分子目的是为了通过走私获得巨额非法利润。为掩饰、隐瞒犯罪所得的来源和去向，必然涉及通过各种非法途径对涉案的钱款和犯罪收益、违法所得等进行所谓的"清洗"和"漂白"，所以在很多走私犯罪案件中，都会伴随洗钱犯罪的发生。

本案中，银行职员张某除了为其兄谭某提供资金账户、参与走私犯罪之外，在明知帮助转移的资金是他人走私犯罪违法所得的情况下，为掩饰、隐瞒其来源和性质，协助转移资金，其行为又构成了洗钱罪，应与所犯的走私普通货物罪数罪并罚。如果其事先未与走私分子进行通谋，而只是在走私犯罪事后为他人实施洗钱行为，情节严重的则单独构成洗钱罪。

二、法规链接

（一）《刑法》相关条款

第一百五十六条　与走私罪犯通谋，为其提供贷款、资金、账号、发票、证明，或者为其提供运输、保管、邮寄或者其他方便的，以走私罪的共犯论处。

第一百九十一条　明知是毒品犯罪、黑社会性质的组织犯罪、走私犯罪的违法所得及其产生的收益，为掩饰、隐瞒其来源和性质，有下列行为之一的，没收实施以上犯罪的违法所得及其产生的收益，处五年以下有期徒刑或者拘役，并处或者单处洗钱数额百分之五以上百分之二十以下罚金；情节严重的，处五年以上十年以下有期徒刑，并处洗钱数额百分之五以上百分之二十以下罚金：

（一）提供资金账户的；

（二）协助将财产转换为现金或者金融票据的；

（三）通过转账或者其他结算方式协助资金转移的；

（四）协助将资金汇往境外的；

（五）以其他方法掩饰、隐瞒犯罪的违法所得及其收益的性质和来源的。

单位犯前款罪的，对单位判处罚金，并对其直接负责的主管人员和其他直接责任人员，处五年以下有期徒刑或者拘役。

（二）《中华人民共和国海关对进出境快件监管办法》（海关总署令第 104 号）相关条款

第二条 本办法所称进出境快件是指进出境快件运营人以向客户承诺的快速商业运作方式承揽、承运的进出境货物、物品。

（三）《关于调整进出境个人邮递物品管理措施有关事宜》（海关总署公告 2010 年第 43 号）

为进一步规范对进出境个人邮递物品的监管，照顾收件人、寄件人合理需要，现就有关事项公告如下：

一、个人邮寄进境物品，海关依法征收进口税，但应征进口税税额在人民币 50 元（含 50 元）以下的，海关予以免征。

二、个人寄自或寄往港、澳、台地区的物品，每次限值为 800 元人民币；寄自或寄往其他国家和地区的物品，每次限值为 1000 元人民币。

三、个人邮寄进出境物品超出规定限值的，应办理退运手续或者按照货物规定办理通关手续。但邮包内仅有一件物品且不可分割的，虽超出规定限值，经海关审核确属个人自用的，可以按照个人物品规定办理通关手续。

四、邮运进出口的商业性邮件,应按照货物规定办理通关手续。

五、本公告内容自 2010 年 9 月 1 日起实行。原《海关总署关于调整进出境邮件中个人物品的限值和免税额的通知》(署监〔1994〕774 号)同时废止。

第三节　申报时限

根据《海关法》规定,进口货物的收货人应当自运输工具申报进境之日起十四日内,出口货物的发货人除海关特准的外,应当在货物运抵海关监管区后、装货的二十四小时以前,向海关申报。如果超过申报时限进行申报就有可能造成不必要的损失。

案例

货不到申报

2009 年 7 月,江苏某鞋业有限公司向海关申报出口休闲鞋 9 648 双。该批货物分两个集装箱装运。在报关公司向海关进行申报时,其中一个集装箱由于交通管制未能运抵该场站,而某储运公司在明知集装箱未运抵海关监管区的情况下,仍为其出具了货物已运抵的场站收据,提供给报关公司用于向海关申报。2009 年 10 月,海关认定该鞋业公司及储运公司的行为均构成违规,决定对鞋业公司罚款人民币 4 000 元,对储运公司罚款人民币 1 000 元。

一、关键点分析

1. 进出口商品应按照规定时限进行申报,避免损失。

2. 监管场所应按照货物实际运抵的情况出具到货报告，如果出具虚假报告就会造成违规。

二、法规链接

(一)《海关法》相关条款

第二十四条 ……进口货物的收货人应当自运输工具申报进境之日起十四日内，出口货物的发货人除海关特准的外，应当在货物运抵海关监管区后、装货的二十四小时以前，向海关申报。

第三十八条 经营海关监管货物仓储业务的企业，应当经海关注册，并按照海关规定，办理收存、交付手续。

(二)《中华人民共和国海关进出口货物申报管理规定》相关条款

第八条 进口货物的收货人、受委托的报关企业应当自运输工具申报进境之日起十四日内向海关申报。

进口转关运输货物的收货人、受委托的报关企业应当自运输工具申报进境之日起十四日内，向进境地海关办理转关运输手续，有关货物应当自运抵指运地之日起十四日内向指运地海关申报。

出口货物发货人、受委托的报关企业应当在货物运抵海关监管区后、装货的二十四小时以前，向海关申报。

(三)《中华人民共和国海关行政处罚实施条例》相关条款

第十八条 有下列行为之一的，处货物价值5%以上30%以下罚款，有违法所得的，没收违法所得：

……

(八) 有违反海关监管规定的其他行为，致使海关不能或者中断对进出口货物实施监管的。

三、案例启示

（一）出口货物申报时限的相关规定

1. "货到报关"，是出口货物向海关申报的一般原则。所谓"货到"，就是指出口货物已被运至海关监管区。出口货物的发货人除海关特准的外，应当在货物运抵海关监管区后、装货的二十四小时以前，向海关申报。

2. 经海关批准，在取得载货清单（舱单）数据后，出口货物可以向海关提前申报，提前的期限为出口货物运入海关监管场所前三日内。

3. 作为海关监管区的有关场站、港口、码头等场所的经营者、负责人，应当按照货物到达的实际时间签发场站收据、运抵报告等文件。

（二）"货不到报关"及签发虚假场站收据的法律责任

1. 出口货物的发货人违反海关监管规定在出口货物未运抵海关监管区的情况下向海关申报或者超过规定期限向海关提前申报的，属违反海关监管规定的行为，应处出口货物价值5%以上30%以下的罚款。

2. 监管场所开具虚假场站收据或运抵报告等单据资料，导致发货人"货不到报关"的，定性违规，由海关依法处理；有违法所得的，没收违法所得。

3. "货不到报关"导致漏缴或者偷逃国家税款的，由海关责令补缴税款或者按照走私论处。

（三）关于进口货物申报时限的相关提示

1. 进口货物应当自运输工具申报进境之日起十四日内向海关申报；超过规定时限未向海关申报的，由海关依法征收滞报金。

2. 进口货物超过三个月未向海关申报的，由海关提取依法变卖，所得价款在扣除相关税费以后，尚有余款的，自货物变卖之日起一年内，经进口货物收货人申请，在办理相关手续后，予以发还。逾期无人申请或不符合发还条件的，由海关上缴国库。

3. 进口货物可以在取得提（运）单后，在货物的品名、规格、数量等已确定无误的情况下，在进口货物启运后、抵港前向海关提前申报。

第四节　正确申报商品归类

进出口商品的归类是指根据《商品名称及编码协调制度》编制的商品分类目录确定的商品分类编码，它是确定商品适用税率和监管条件的基础，也是近些年出现走私违规行为的高发地带，如何正确地申报商品归类，避免不必要的损失，除了提高商品知识和归类水平外，多从案例中吸取经验也是一种"捷径"。

案例一

申报不实影响监管证件

2011年7月14日，当事人江苏某贸易公司向海关申报出口5辆"全地形车"，申报商品编码为"87031011"。经海关查验并归类，其中2辆为规格250 CC的"摩托车"，实际商品编码为"87112050"；2辆为规格140 CC的"摩托车"，实际商品编码为"87112030"。前述4辆摩托车按其商品编码均属法定检验货物，在申报出口时需提供出境货物通关单，而当事人因申报不实未能提供。当事人江苏某贸易公司因此被海关科处罚款1万元人民币。

一、关键点分析

（一）进出口法检商品也要事先申领通关单

1. 出入境货物通关单，俗称"商检单"，是我国进出境检验检疫环节重要的监管单证。我国自2000年1月以来一直实施"先报检、后报关"的进出口检验检疫货物通关模式，对列入《出入境检验检疫机构实施检验检疫的进出口商品目录》（简称《法检目录》）范围内的进出口货物（包括转关运输货物），海关一律凭出入境检验检疫机构签发的"入境货物通关单"或"出境货物通关单"验放。

2. 凡是属于法定检验（即列入《法检目录》）的商品，收发货人应当在进出口时先到检验检疫机构报检并取得相应的出入境通关单，而后才能使货物顺利通关。《法检目录》和海关税则一样，主要以《商品名称及编码协调制度》为基础编订，同样的进出口货物，在《法检目录》和海关税则中享有同样的商品编码（HS编码）。

3. 如果进出口货物收发货人未能正确地确定货物的商品编码，往往会发生把法定检验商品误当作非法检商品，因而漏报检的情况，同时在向海关申报时又会导致税号申报不实。

（二）漏报检是违法行为

1. 申报不实影响通关单管理，客观上对海关监管秩序造成了影响，海关可对进出口货物收发货人予以警告，或者科处1 000元以上3万元以下的罚款；并责令当事人在履行处罚后重新申报，补办有关海关手续。

2. 如果申报错误造成多种影响的，如案例中既影响通关单又漏缴进出口税款的，由海关定性申报不实违规，并比较不同影响的法律责任，择其重者予处罚。

3. 属于法定检验商品而漏报检的，还可能因违反国家出入境检验检疫法规而受到检验检疫机构的行政处罚。

（三）正确归类是关键

1. 向海关申报前必须充分了解和关注进出口货物，如果对进出口货物的属性或者归类不清楚、无法确定的，可以事先如实提供与货物相关的资料或样品，提请主管海关进行预归类。

2. 正确归类后，查看进出口货物对应税则号列所附的监管条件，如果监管代码中有大写英文字母 A 或者 B 的，则需要提交通关单（A 是入境货物通关单，B 是出境货物通关单）。

3. 通关单应当与进出口的货物相对应，其内容包括品名、税号、重量、产地等要素都必须与申报进出口的货物相一致。因此申领通关单时应当向进出口检验检疫部门如实、完整申报并注意检查核对。

4. 通关单为一批一单，一张通关单仅能对应一票货物、一种货物，只能使用一次，不能合并或者多次使用。

二、法规链接

（一）《海关法》相关条款

第二十四条　进口货物的收货人、出口货物的发货人应当向海关如实申报，交验进出口许可证件和有关单证……

第八十六条　违反本法规定有下列行为之一的，可以处以罚款，有违法所得的，没收违法所得：

……

（三）进出口货物、物品或者过境、转运、通运货物向海关申报不实的；

……

（二）《中华人民共和国海关行政处罚实施条例》相关条款

第十五条　进出口货物的品名、税则号列、数量、规格、价格、贸易方式、原产地、启运地、运抵地、最终目的地或者其他应当申报的项目未申报或者申报不实的，分别依照下列规定予以处罚，有违法所得的，没收违法所得：

……

（二）影响海关监管秩序的，予以警告或者处 1 000 元以上 3 万元以下罚款。

案例二

某公司伪报税号偷逃出口关税案

2008 年 4 月和 2008 年 6 月，上海某贸易有限公司出口实际为铝制空心圆柱状体的货物两票。按照海关对进出口商品税则归类的规定，铝制空心圆柱状体应当归入商品税则号列 76011090（其他未锻轧非合金铝）项下，需缴纳 15% 的出口关税。为达到偷逃应缴出口关税的目的，该公司主管许某与职员林某合谋，通过制作假出口单证、伪报商品品名和税则号列来实施走私。在明知该公司实际出口的铝制空心圆柱状体应当归入商品税则号列 76011090、应缴 15% 出口关税的情况下，许某、林某先后两次将重量分别为 100.907 吨和 283.126 吨（共计 384.033 吨）的铝制空心圆柱状体伪报为铝制支撑柱，将商品税则号列伪报为 76109000（其他铝制结构体及其部件，出口关税税率为零）出口，合计偷逃出口应缴关税人民币 967 576.21 元。

2009 年 5 月，法院经审理认定：该公司违反海关法规，逃避海关监管，采用伪报品名和商品税则号列的方式走私普通货物，偷逃应缴税款，构成走私普通货物罪，判处罚金人民币97万元，非法所得予以没收；许某作为直接负责的主管人员，犯走私普通货物罪，判处有期徒刑2年；林某作为直接责任人员，犯走私普通货物罪，判处有期徒刑1年。

一、关键点分析

（一）如实申报税则号列尤为重要

根据《海关法》的规定，进口货物的收货人、出口货物的发货人应当向海关如实申报，对申报内容的真实性、准确性、完整性和规范性承担相应的法律责任。进出口货物的收发货人应当按照报关要求将进出口货物的品名、税则号列、数量、规格、价格、贸易方式、原产地等数十项项目向海关如实申报，并提交真实的报关单证，海关凭以进行进出口贸易管制、征收税款和贸易统计等。纸质报关单和电子数据报关单是申报的载体和形式，申报人应该按照海关对填制进出口报关单的要求认真、仔细、如实填写，以真实、全面、客观地反映进出口货物的情况。

税则号列是指海关税则中商品分类目录的商品编号，简称税号。商品分类目录是按照一定的原则和商品的特点，把各种商品分别进行组合分类简化成数量有限的商品类目，分别编号按序排列，以便查找。税则归类是按照海关税则的分类规则，将进出口商品恰当地归入税则中的税目，以便确定适用的税率和计征关税。根据有关规定，对于税则号列的申报，纳税义务人在充分了解其进出口商品的基础上，按照《中华人民共和国海关进出口税则》（以下简称《税则》）规定的目录条文和各种归类注释，进行商品归类，归入相应的税则号列；海关则应当依法审核确定该货物的商品归类。因此，如实申报进出口商品的税号，是海关对商品准确归类的前提和基础。而商品的归类又直接涉及该商品的进出口税率和贸易管制条件。

需要指出的是，如果进出口经营单位对商品应申报的税则号列存有疑问，不能确定的，根据相关规定，可以向海关申请预归类。

（二）是否故意逃避海关监管是申报不实违规和走私的主要区分标志

如果当事人申报内容与货物的实际情况客观不符，影响了海关贸易统计的准确性、监管秩序、税款征收、许可证管理以及出口退税的，构成申报不实，海关将依据《中华人民共和国海关行政处罚实施条例》的规定对当事人定性为违反海关监管规定予以行政处罚。如果行为人在向海关申报时故意违反海关规定，逃避国家对进出口货物、物品的禁限制性管理，或者偷逃应缴税款的，则构成走私行为。如果符合《刑法》所规定的犯罪要件，则构成走私犯罪。本案中，行为人故意隐瞒出口货物的真实属性，伪报品名和商品税则号列，偷逃应缴税款，是典型的走私。

（三）走私普通货物行为与走私普通货物犯罪的区别

从行为表现上看，一般的走私普通货物违法行为与走私普通货物犯罪并无本质区别，危害性大小是区分两者的主要标准。根据法律规定，走私普通货物的行为危害性可以从两个方面来考量。一是偷逃应缴税款的数额大小。根据《刑法》规定第一百五十三条第一款第（一）项的规定，走私普通货物，偷逃应缴税额数额较大的，构成走私普通货物罪。二是实施走私行为的次数多少。一年内曾因走私被给予二次行政处罚后又走私的，同样构成走私普通货物罪。

本案中，该公司偷逃税款达人民币96万余元，已远远超过走私普通货物罪数额较大的起刑点标准，构成走私普通货物罪，需要承担刑事责任。

(四) 走私普通货物犯罪既失自由又失财产

1. 构成走私普通货物罪的,应当受到以下刑罚处罚:一是自由刑。即走私货物偷逃应缴税额较大或者一年内曾因走私被给予二次行政处罚后又走私的,处三年以下有期徒刑或者拘役;偷逃应缴税额巨大或者有其他严重情节的,处三年以上十年以下有期徒刑;偷逃应缴税额特别巨大或者有其他特别严重情节的,处十年以上有期徒刑或者无期徒刑。单位犯罪的,对其直接负责的主管人员和其他直接责任人员,处三年以下有期徒刑或者拘役;情节严重的,处三年以上十年以下有期徒刑;情节特别严重的,处十年以上有期徒刑。二是财产刑。并处偷逃应缴税额一倍以上五倍以下罚金。

2. 对于走私货物、物品、走私违法所得以及属于走私犯罪分子所有的犯罪工具,予以追缴、没收。

二、法规链接

(一)《海关法》相关条款

第二十五条 办理进出口货物的海关申报手续,应当采用纸质报关单和电子数据报关单的形式。

(二)《中华人民共和国进出口关税条例》(国务院令第392号)相关条款

第三十条 纳税义务人应当依法如实向海关申报,并按照海关的规定提供有关确定完税价格、进行商品归类、确定原产地以及采取反倾销、反补贴或者保障措施等所需的资料;必要时,海关可以要求纳税义务人补充申报。

第三十一条 纳税义务人应当按照《税则》规定的目录条文和归

类总规则、类注、章注、子目注释以及其他归类注释,对其申报的进出口货物进行商品归类,并归入相应的税则号列;海关应当依法审核确定该货物的商品归类。

(三)《中华人民共和国海关进出口货物商品归类管理规定》(海关总署令第 158 号)相关条款

第二条 本规定所称的商品归类是指在《商品名称及编码协调制度公约》商品分类目录体系下,以《中华人民共和国进出口税则》为基础,按照《进出口税则商品及品目注释》、《中华人民共和国进出口税则本国子目注释》以及海关总署发布的关于商品归类的行政裁定、商品归类决定的要求,确定进出口货物商品编码的活动。

第四条 进出口货物的商品归类应当遵循客观、准确、统一的原则。

第五条 进出口货物的商品归类应当按照收发货人或者其代理人向海关申报时货物的实际状态确定。以提前申报方式进出口的货物,商品归类应当按照货物运抵海关监管场所时的实际状态确定。法律、行政法规和海关总署规章另有规定的,按照有关规定办理。

第六条 收发货人或者其代理人应当按照法律、行政法规规定以及海关要求如实、准确申报其进出口货物的商品名称、规格型号等,并且对其申报的进出口货物进行商品归类,确定相应的商品编码。

第十五条 在海关注册登记的进出口货物经营单位(以下简称申请人),可以在货物实际进出口的 45 日前,向直属海关申请就其拟进出口的货物预先进行商品归类(以下简称预归类)。

第十六条 申请人申请预归类的,应当填写并且提交"中华人民共和国海关商品预归类申请表"(格式文本见附件1)。

预归类申请应当向拟实际进出口货物所在地的直属海关提出。

（四）《最高人民法院、最高人民检察院、海关总署关于办理走私刑事案件适用法律若干问题的意见》相关条款

二十三、关于走私货物、物品、走私违法所得以及走私犯罪工具的处理问题

在办理走私犯罪案件过程中，对发现的走私货物、物品、走私违法所得以及属于走私犯罪分子所有的犯罪工具，走私犯罪侦查机关应当及时追缴，依法予以查扣、冻结。在移送审查起诉时应当将扣押物品文件清单、冻结存款证明文件等材料随案移送，对于扣押的危险品或者鲜活、易腐、易失效、易贬值等不宜长期保存的货物、物品，已经依法先行变卖、拍卖的，应当随案移送变卖、拍卖物品清单以及原物的照片或者录像资料；人民检察院在提起公诉时应当将上述扣押物品文件清单、冻结存款证明和变卖、拍卖物品清单一并移送；人民法院在判决走私罪案件时，应当对随案清单、证明文件中载明的款、物审查确认并依法判决予以追缴、没收；海关根据人民法院的判决和海关法的有关规定予以处理，上缴中央国库。

第五节　正确申报进出口货物完税价格

进口货物的完税价格，由海关以该货物的成交价格为基础审查确定，并应当包括货物运抵中华人民共和国境内输入地点起卸前的运输及其相关费用、保险费。它是税款征收的重要依据，近些年利用完税价格偷逃税款的行为也时有发生。

案例一

低报进口价格偷逃税款

韩某系某壁纸有限公司等三家公司的实际投资者和管理者,长期经营从韩国进口壁纸等业务。2006年,因进口壁纸价格上涨,为降低经营成本,韩某决定采取低报进口壁纸价格的方法偷逃应缴税款。韩某经与韩国出口公司联系,约定由出口方按照涨价前的壁纸价格制作虚假的合同、发票、装箱单等报关单证,提供给韩某管理的三家公司用于进口报关。实际成交的壁纸货款以出口公司每月提供给韩某的对账单为准进行结算。2006年12月至2010年1月,该三家公司采用低报价格的方式,走私进口壁纸200余票,偷逃税款人民币160余万元。

2011年12月,法院经审理认定,上述三家公司在向海关报关进口壁纸时进行虚假申报,逃避海关监管,偷逃应缴税款,被告人韩某系三家公司直接负责的主管人员,其行为已构成走私普通货物罪。分别判处三家公司罚金人民币85万元、60万元、35万元;判处韩某有期徒刑三年,缓刑四年;违法所得1 670 814元人民币予以追缴,上缴国库。

一、关键点分析

(一)走私普通货物、物品并不"普通"

走私罪是统称,我国《刑法》规定的具体走私罪名有12个,分别是走私武器、弹药罪,走私核材料罪,走私假币罪,走私文物罪,走私贵重金属罪,走私珍贵动物、动物制品罪,走私国家禁止进出口的货物、物品罪,走私淫秽物品罪,走私废物罪,走私毒品罪,走私制毒物品罪,走私普通货物、物品罪。

虽然走私罪的具体罪名很多,但从走私的对象来看,主要有三类，第一类是禁止进出口的货物、物品；第二类是限制进出口的货物、物品，这类货物、物品的进出口是受国家许可证管理的；第三类是相对前两类而言的，一般指依法应当缴纳进出口税款的"普通"货物、物品。这里的"普通"并不是平常意义上的"普通"，而是一个相对的概念，因为在实际贸易中也存在大量的需要交验进出口许可证件的应税货物。本案中的壁纸，不属于国家禁止和限制进口的货物、物品，但进口必须缴纳进口环节税款，属于走私罪中"普通货物"的范畴，韩某负责的三家公司通过低报价格走私进口构成了走私普通货物、物品罪。

（二）偷逃税款数额决定走私普通货物、物品罪刑事责任

"完税价格"，是指海关在计征关税时使用的计税价格。进出口货物的收发货人或者其委托的代理人，应该向海关如实申报货物的完税价格，向海关提供真实、准确的发票、合同、提单、装箱清单等单证，以便海关审核。进出口货物、物品时，纳税义务人故意实施低报完税价格等价格瞒骗行为，借以偷逃关税，是走私案件中较为常见的一种走私违法的方式和手段，也是海关审核和打击的重点。

偷逃税额的数额是判定走私普通货物、物品行为罪与非罪、罪重与罪轻的要件之一。根据刑法规定，走私普通货物、物品偷逃应缴税额较大的，构成走私普通货物罪。同时，《刑法》规定，走私普通货物、物品罪按照偷逃税额分三档确定刑罚，分别是三年以下有期徒刑或者拘役、三年以上十年以下有期徒刑、十年以上有期徒刑或者无期徒刑，且每档都要并处偷逃税款一倍以上五倍以下罚金。

本案中韩某经营的三家公司，低报进口壁纸完税价格，偷逃税款共计人民币160余万元，且每家公司偷逃税款均超过了数额较大的起刑点，均构成走私普通货物罪并应受刑事处罚。

（三）单位可以成为走私普通货物、物品罪的主体

《刑法》第一百五十三条规定，单位犯有走私普通货物、物品罪的，应当承担刑事责任。这里的"单位"既包括国有、集体所有的公司、企业、事业单位，也包括依法设立的合资经营、合作经营企业和具有法人资格的独资、私营等公司、企业单位。只要这些"单位"集体研究决定，或者由单位负责人或者被授权的其他人员决定、同意，以单位名义实施走私犯罪，为单位谋取不正当利益或者违法所得的大部分归单位所有，就可以认定为单位走私犯罪。韩某出资设立了三家公司，作为公司的负责人决定并组织实施了走私进口壁纸的全过程，且违法所得归公司所有，应当认定为单位犯罪。同时，韩某作为公司直接负责的主管人员，也应承担相应的法律责任。

（四）自首可以从宽处理

我国《刑法》第六十七条第一款规定，"犯罪以后自动投案，如实供述自己的罪行的，是自首。对于自首的犯罪分子，可以从轻或者减轻处罚。其中，犯罪较轻的，可以免除处罚。"本案被告人韩某由于其偷逃税额很大，依法应判处三年以上有期徒刑。鉴于韩某在犯罪后能够主动向海关缉私部门投案，且完整、如实、及时地供述了自己的全部罪行，并积极退还违法所得，被法院认定有自首情节，依法从轻判处有期徒刑三年，缓刑四年。上述判决，也充分体现了宽严相济的刑事政策。韩某被宽大处理后得以尽快重新回到公司，恢复企业正常运营，继续合法从事其壁纸经营业务，避免了企业和其个人承受更大的损失。

需要指出的是，如果被采取强制措施的犯罪嫌疑人、被告人和正在服刑的罪犯，如实供述司法机关还未掌握的本人其他罪行的，《刑法》规定同样以自首论。犯罪嫌疑人虽不具有自首情节，但是如实供述自己罪行的，也可以从轻处罚；因其如实供述自己罪行，避免特别严重后果

发生的，同样可以减轻处罚。

此外，如果犯罪分子有揭发他人犯罪行为，经查证属实，或者提供重要线索，从而得以侦破其他案件的，依据《刑法》第六十八条的规定，可以认定有立功表现，而予以从轻或者减轻处罚；有重大立功表现的，可以减轻或者免除处罚。

二、法规链接

（一）《刑法》相关条款

第六十七条　犯罪以后自动投案，如实供述自己的罪行的，是自首。对于自首的犯罪分子，可以从轻或者减轻处罚。其中，犯罪较轻的，可以免除处罚。

被采取强制措施的犯罪嫌疑人、被告人和正在服刑的罪犯，如实供述司法机关还未掌握的本人其他罪行的，以自首论。

犯罪嫌疑人虽不具有前两款规定的自首情节，但是如实供述自己罪行的，可以从轻处罚；因其如实供述自己罪行，避免特别严重后果发生的，可以减轻处罚。

（二）《中华人民共和国海关审定进出口货物完税价格办法》（海关总署令第148号）相关条款

第五条　进口货物的完税价格，由海关以该货物的成交价格为基础审查确定，并应当包括货物运抵中华人民共和国境内输入地点起卸前的运输及其相关费用、保险费。

第六条　进口货物的成交价格，是指卖方向中华人民共和国境内销售该货物时买方为进口该货物向卖方实付、应付的，并且按照本章第三节的规定调整后的价款总额，包括直接支付的价款和间接支付的价款。

第四十六条　纳税义务人向海关申报时，应当按照本办法的有关规定，如实向海关提供发票、合同、提单、装箱清单等单证。

根据海关要求，纳税义务人还应当如实提供与货物买卖有关的支付凭证以及证明申报价格真实、准确的其他商业单证、书面资料和电子数据。

货物买卖中发生本办法第二章第三节所列的价格调整项目的，纳税义务人应当如实向海关申报。

前款所述的价格调整项目如果需要分摊计算的，纳税义务人应当根据客观量化的标准进行分摊，并同时向海关提供分摊的依据。

第四十七条　海关为审查申报价格的真实性、准确性，可以行使下列职权进行价格核查：

1. 查阅、复制与进出口货物有关的合同、发票、账册、结付汇凭证、单据、业务函电、录音录像制品和其他反映买卖双方关系及交易活动的商业单证、书面资料和电子数据；

2. 向进出口货物的纳税义务人及与其有资金往来或者有其他业务往来的公民、法人或者其他组织调查与进出口货物价格有关的问题；

3. 对进出口货物进行查验或者提取货样进行检验或者化验；

4. 进入纳税义务人的生产经营场所、货物存放场所，检查与进出口活动有关的货物和生产经营情况；

5. 经直属海关关长或者其授权的隶属海关关长批准，凭"中华人民共和国海关账户查询通知书"（见附件1）及有关海关工作人员的工作证件，可以查询纳税义务人在银行或者其他金融机构开立的单位账户的资金往来情况，并向银行业监督管理机构通报有关情况；

6. 向税务部门查询了解与进出口货物有关的缴纳国内税情况。

海关在行使前款规定的各项职权时，纳税义务人及有关公民、法人或者其他组织应当如实反映情况，提供有关书面资料和电子数据，不得拒绝、拖延和隐瞒。

第四十八条　海关对申报价格的真实性、准确性有疑问时，或者认为买卖双方之间的特殊关系影响成交价格时，应当制发"中华人民共和国海关价格质疑通知书"（以下简称"价格质疑通知书"，见附件2），将质疑的理由书面告知纳税义务人或者其代理人，纳税义务人或者其代理人应当自收到"价格质疑通知书"之日起5个工作日内，以书面形式提供相关资料或者其他证据，证明其申报价格真实、准确或者双方之间的特殊关系未影响成交价格。

纳税义务人或者其代理人确有正当理由无法在规定时间内提供前款资料的，可以在规定期限届满前以书面形式向海关申请延期。

除特殊情况外，延期不得超过10个工作日。

第五十八条　违反本办法规定，构成走私或者违反海关监管规定行为的，由海关依照《中华人民共和国海关法》和《中华人民共和国海关行政处罚实施条例》的有关规定予以处理；构成犯罪的，依法追究刑事责任。

（三）《最高人民法院关于审理单位犯罪案件具体应用法律有关问题的解释》（法释〔1999〕14号）相关条款

为依法惩治单位犯罪活动，根据刑法的有关规定，现对审理单位犯罪案件具体应用法律的有关问题解释如下：

第一条　刑法第三十条规定的"公司、企业、事业单位"，既包括国有、集体所有的公司、企业、事业单位，也包括依法设立的合资经营、合作经营企业和具有法人资格的独资、私营等公司、企业、事业单位。

第二条　个人为进行违法犯罪活动而设立的公司、企业、事业单位实施犯罪的，或者公司、企业、事业单位设立后，以实施犯罪为主要活动的，不以单位犯罪论处。

案例二

低报货物进口完税价格

2006年至2007年间,某纺织公司下属经营部(不具法人资格,独立核算)开展进口羊毛精短毛业务,以经营部的名义委托某进出口公司办理进口手续。为降低进口成本,牟取暴利,该经营部经理方某在进出口公司不知情的情况下,进口报关时自行决定低报价格,偷逃进口环节税款。方某制作了虚假的报关用单证,将200吨进口精短毛的实际单价由每千克人民币36元低报为每千克26元,共计少报进口完税价格计人民币200万元。案发后,经依法计核,共偷逃应缴税额人民币80余万元。方某作为该经营部主管人员,直接决定、组织和实施了上述走私犯罪活动的全过程,违法所得也由该经营部所有。案发后方某在亲友的规劝下主动到海关缉私部门投案,并如实交代了犯罪事实。

2008年11月,法院经审理认定,该经营部违反海关法规,逃避海关监管,在进口羊毛精短毛的过程中,故意向海关低报货物进口完税价格,偷逃应缴税款,情节严重,已构成走私普通货物罪,判处该经营部罚金人民币85万元,追缴违法所得人民币200万元;鉴于方某在案发后能主动投案自首,依法对其予以减轻处罚。最终,法院以走私普通货物罪,判处方某有期徒刑一年。

一、关键点分析

(一)必须如实申报完税价格

关税的完税价格是指海关对进出口货物或物品征收从价税时的应税价格,是海关凭以计征关税税额的基础。《海关法》第五十五条规定:"进出口货物的完税价格,由海关以该货物的成交价格为基础审查确定。成交价格不能确定时,完税价格由海关依法估定。进口货物的完税价格包括货物的货价、货物运抵中华人民共和国境内输入地点起卸前的运输及其相关费用、保险费;出口货物的完税价格包括货物的货价、货物运至中华人民共和国境内输出地点装载前的运输及其相关费用、保险费,但是其中包含的出口关税税额,应当予以扣除。进出境物品的完税价格,由海关依法确定。"

进口货物的收货人、出口货物的发货人、进出境物品的所有人,均是关税的纳税义务人,他们既可以自行向海关办理报关纳税手续,也可以委托海关准予注册登记的报关企业办理报关纳税手续。不管是谁向海关报关,都应当依法如实申报,并按照海关的规定提供有关确定完税价格、进行商品归类等所需的资料。

海关有权依法审查纳税义务人申报价格的真实性和准确性,可以查阅、复制与进出口货物有关的资料、单证,对申报的价格有怀疑的,应当将怀疑的理由告知纳税义务人,并要求其在规定的期限内书面作出说明,提供有关资料。经审核,海关发现纳税义务人申报的进出口货物价格不符合成交价格条件,或者成交价格不能确定的,应当按照审定进出口货物完税价格的有关规定另行估价。

因此,如实申报进出口货物的完税价格是纳税义务人的法定义务,海关有权依法审核,并且可以进行价格质疑或者提起价格磋商,直至由海关直接进行估定价格。

(二) 不具法人资格的内设部门也可成为单位犯罪的主体

根据《全国法院审理金融犯罪案件工作座谈会纪要》及《最高人民法院研究室关于对不具有法人资格的单位的分支机构或者内设机构、部门实施的犯罪行为能否以单位犯罪追究其刑事责任问题的复函》等有关规定,作为不具有法人资格的单位的分支机构或者内设机构、部门,以该分支机构或者内设机构、部门的名义实施犯罪行为,违法所得归分支机构或者内设机构、部门所有的,也可以单位犯罪追究其刑事责任。

本案中,经营部作为纺织公司的内设部门,虽不具备法人资格,但在羊毛精短毛进口业务及低报价格走私的操作上都具有高度的独立性,反映了该经营部独立的意志,同时作为独立核算主体,走私犯罪的违法所得亦归该经营部所有。因此,将该经营部认定为单位犯罪主体更为适宜,体现了《刑法》的立法精神和原意。

(三) 对单位走私犯罪实行双罚制

根据刑法规定,单位犯罪的,对单位判处罚金,并对其直接负责的主管人员和其他直接责任人员判处刑罚。本法分则和其他法律另有规定的,依照规定。

可见,我国刑法对单位犯罪是以"双罚制"作为处罚原则的。单位实施走私犯罪的,不但单位构成犯罪,成为犯罪主体,同时,决定、领导、组织单位实施走私犯罪的主管人员和其他具体实施走私犯罪的直接责任人员,也要承担相应的刑事责任。本案中,纺织公司经营部在进口羊毛精短毛过程中,故意向海关低报货物进口完税价格,偷逃应缴税款,已构成走私普通货物罪,属于单位犯罪。同时,方某作为该经营部主管人员,直接决定、组织和实施了上述走私犯罪活动,因此,对其也要依法判处刑罚。

二、法规链接

(一)《刑法》相关条款

第三十条 公司、企业、事业单位、机关、团体实施的危害社会的行为,法律规定为单位犯罪的,应当负刑事责任。

第三十一条 单位犯罪的,对单位判处罚金,并对其直接负责的主管人员和其他直接责任人员判处刑罚。本法分则和其他法律另有规定的，依照规定。

（二）《中华人民共和国进出口关税条例》相关条款

第十八条　进口货物的完税价格由海关以符合本条第三款所列条件的成交价格以及该货物运抵中华人民共和国境内输入地点起卸前的运输及其相关费用、保险费为基础审查确定。

进口货物的成交价格，是指卖方向中华人民共和国境内销售该货物时买方为进口该货物向卖方实付、应付的，并按照本条例第十九条、第二十条规定调整后的价款总额，包括直接支付的价款和间接支付的价款。

进口货物的成交价格应当符合下列条件：

（一）对买方处置或者使用该货物不予限制，但法律、行政法规规定实施的限制、对货物转售地域的限制和对货物价格无实质性影响的限制除外；

（二）该货物的成交价格没有因搭售或者其他因素的影响而无法确定；

（三）卖方不得从买方直接或者间接获得因该货物进口后转售、处置或者使用而产生的任何收益，或者虽有收益但能够按照本条例第十九条、第二十条的规定进行调整；

（四）买卖双方没有特殊关系，或者虽有特殊关系但未对成交价格产生影响。

第十九条　进口货物的下列费用应当计入完税价格：

（一）由买方负担的购货佣金以外的佣金和经纪费；

（二）由买方负担的在审查确定完税价格时与该货物视为一体的容器的费用；

（三）由买方负担的包装材料费用和包装劳务费用；

（四）与该货物的生产和向中华人民共和国境内销售有关的，由买方以免费或者以低于成本的方式提供并可以按适当比例分摊的料件、工具、模具、消耗材料及类似货物的价款，以及在境外开发、设计等相关服务的费用；

（五）作为该货物向中华人民共和国境内销售的条件，买方必须支付的、与该货物有关的特许权使用费；

（六）卖方直接或者间接从买方获得的该货物进口后转售、处置或者使用的收益。

第二十一条　进口货物的成交价格不符合本条例第十八条第三款规定条件的，或者成交价格不能确定的，海关经了解有关情况，并与纳税义务人进行价格磋商后，依次以下列价格估定该货物的完税价格：

（一）与该货物同时或者大约同时向中华人民共和国境内销售的相同货物的成交价格；

（二）与该货物同时或者大约同时向中华人民共和国境内销售的类似货物的成交价格；

（三）与该货物进口的同时或者大约同时，将该进口货物、相同或者类似进口货物在第一级销售环节销售给无特殊关系买方最大销售总量的单位价格，但应当扣除本条例第二十二条规定的项目；

（四）按照下列各项总和计算的价格：生产该货物所使用的料件成本和加工费用，向中华人民共和国境内销售同等级或者同种类货物通常的利润和一般费用，该货物运抵境内输入地点起卸前的运输及其相关费用、保险费；

（五）以合理方法估定的价格。

纳税义务人向海关提供有关资料后，可以提出申请，颠倒前款第（三）项和第（四）项的适用次序。

第二十六条　出口货物的完税价格由海关以该货物的成交价格以及该货物运至中华人民共和国境内输出地点装载前的运输及其相关费用、保险费为基础审查确定。

出口货物的成交价格，是指该货物出口时卖方为出口该货物应当向买方直接收取和间接收取的价款总额。

出口关税不计入完税价格。

（三）《中华人民共和国海关进出口货物征税管理办法》（海关总署令第 124 号）相关条款

第六条　纳税义务人应当按照法律、行政法规和海关规章关于商品归类、审定完税价格和原产地管理的有关规定，如实申报进出口货物的商品名称、税则号列（商品编号）、规格型号、价格、运保费及其他相关费用、原产地、数量等。

第十一条　海关应当根据进出口货物的税则号列、完税价格、原产地、适用的税率和汇率计征税款。

（四）《最高人民法院　最高人民检察院　海关总署关于印发〈办理走私刑事案件适用法律若干问题的意见〉的通知》相关条款

第十八条　具备下列特征的，可以认定为单位走私犯罪：（1）以单位的名义实施走私犯罪，即由单位集体研究决定，或者由单位的负责人或者被授权的其他人员决定、同意；（2）为单位谋取不正当利益或者违法所得大部分归单位所有。

（五）《最高人民法院研究室关于对不具有法人资格的单位的分支机构或者内设机构、部门实施的犯罪行为能否以单位犯罪追究其刑事责任问题的复函》相关条款

不具有法人资格的单位的分支机构或者内设机构、部门，以该分支机构或者内设机构、部门的名义实施犯罪行为，违法所得归分支机构或者内设机构、部门所有的，可以单位犯罪追究其刑事责任。

案例三

申报不实造成漏税

2011年7月，当事人A公司委托某报关公司，向海关申报进口一批铁矿砂，申报贸易方式为一般贸易，申报的成交方式为FOB。由于A公司的相关经办人员工作疏忽，在提供给报关公司的单据中错误地将货物的运费76美元/吨制作成69美元/吨，报关公司据此申请后被海关审单发现。经核定，本案涉案货物价值为人民币3 697万余元，漏缴税款人民币21万余元。2011年9月，海关认定A公司的上述行为构成申报不实影响海关税款征收违规，对其作出罚款人民币21万元的行政处罚，并责令其重新申报，补办有关海关手续。

一、关键点分析

（一）进出口货物应当如实申报

1. "申报"是指进出口货物的收发货人、受委托的报关企业，在规定的期限及地点，根据《中华人民共和国海关进出口货物报关单填制规范》的要求，采用电子数据报关单和纸质报关单形式向海关报告进出口货物的实际情况，并接受海关审核的行为。

2. 进出口货物的收发货人、受委托的报关企业应当依法如实向海关申报，同时提供货物进出口的相关合同、发票、提单、装箱单等其他海关要求提交的真实单据资料，并对申报内容的真实性、准确性、完整性和规范性承担相应的法律责任。

3. 进出口申报的重点内容包括商品品名、规格、税则号列、贸易方式、单价、总价（币制）、数量、重量和成交方式、原产地、运费和保险费等。除法律、行政法规另有规定外，海关都要根据申报的内容确定货物的完税价格和适用的税率、汇率计征进出口关税及进口环节海关代征税。

4. 海关一旦接受申报，相关申报内容非经许可不得撤销或者修改。

（二）申报不实影响国家税款征收应承担的法律责任

1. 申报不实导致漏缴税款的，纳税义务人应当补缴漏缴的税款。

2. 收发货人申报不实或者未如实向委托的报关企业提供所委托事项的真实情况导致申报不实影响国家税款征收的，处漏缴税款30%以上2倍以下罚款。

3. 报关企业、报关人员接受进出口货物收发货人的委托，因工作疏忽或者未进行合理审查导致申报不实影响国家税款征收的，一般处货物价值5%左右的罚款，最高不超过10%，还可以暂停其6个月以内从事报关业务或者执业；情节严重的，除罚款外，还可以撤销其报关注册登记、取消其报关从业资格。

（三）进出口申报不实漏税违规需要注意的几个问题

1. 影响国家税款征收不需要产生漏缴税款的实际后果，而只需要对国家税款征收产生影响即可。

2. 在货物进境以后、申报以前，收货人可以向海关申请先行查看货物或者提取货样，以确认货物的性质和真实情况，然后再按照规定向海关如实申报。

3. 确有如下正当理由的，可以向原接受申报的海关申请修改或者撤销进出口货物报关单。

（1）由于报关人员操作或者书写失误造成所申报的报关单内容有误，但所提交的随附单据资料均真实无误且与实际进出口货物相符，并且未发现有走私违规或者其他违法嫌疑的；

（2）出口货物放行后，由于装运、配载等原因造成原申报货物部分或者全部退关、变更运输工具的；

（3）进出口货物在装载、运输、存储过程中因溢短装、不可抗力的灭失、短损等原因造成原申报数据与实际货物不符的；

（4）根据贸易惯例先行采用暂时价格成交、实际结算时按商检品质认定或者国际市场实际价格付款方式需要修改申报内容的；

（5）由于计算机、网络系统等方面的原因导致电子数据申报错误的；

（6）其他特殊情况经海关核准同意的。

经海关批准同意修改和撤销的，不认定为违规，但海关已经决定布控、查验的报关单不得修改或者撤销。

二、法规链接

（一）《海关法》相关条款

第十条　报关企业接受进出口货物收发货人的委托，以委托人的名义办理报关手续的，应当向海关提交由委托人签署的授权委托书，遵守本法对委托人的各项规定。

报关企业接受进出口货物收发货人的委托，以自己的名义办理报关手续的，应当承担与收发货人相同的法律责任。

委托人委托报关企业办理报关手续的，应当向报关企业提供所委托报关事项的真实情况；报关企业接受委托人的委托办理报关手续的，应当对委托人所提供情况的真实性进行合理审查。

第二十四条　进口货物的收货人、出口货物的发货人应当向海关如实申报，交验进出口许可证件和有关单证。国家限制进出口的货物，没有进出口许可证件的，不予放行，具体处理办法由国务院规定。

第八十六条　违反本法规定有下列行为之一的，可以处以罚款，有违法所得的，没收违法所得：

……

（三）进出口货物、物品或者过境、转运、通运货物向海关申报不实的；

……

(二)《中华人民共和国海关行政处罚实施条例》相关条款

第十五条 进出口货物的品名、税则号列、数量、规格、价格、贸易方式、原产地、启运地、运抵地、最终目的地或者其他应当申报的项目未申报或者申报不实的，分别依照下列规定予以处罚，有违法所得的，没收违法所得：

……

（四）影响国家税款征收的，处漏缴税款30%以上2倍以下罚款；

……

第十七条 报关企业、报关人员对委托人所提供情况的真实性未进行合理审查，或者因工作疏忽致使发生本实施条例第十五条规定情形的，可以对报关企业处货物价值10%以下罚款，暂停其6个月以内从事报关业务或者执业；情节严重的，撤销其报关注册登记、取消其报关从业资格。

第十九条 有下列行为之一的，予以警告，可以处物品价值20%以下罚款，有违法所得的，没收违法所得：

……

（三）个人运输、携带、邮寄超过规定数量但仍属自用的国家限制进出境物品进出境，未向海关申报但没有以藏匿、伪装等方式逃避海关监管的；

……

(三)《中华人民共和国海关进出口货物征税管理办法》相关条款

第十一条 海关应当根据进出口货物的税则号列、完税价格、原产地、适用的税率和汇率计征税款。

第六节　提供必要单证

进出口监管证件是履行国际公约,维护人类生存环境,确保生命健康,实现政治、经济、生态安全的重要手段,对于某些商品监管证件的重要性还要远远高于税收手段,这也是在很多走私违规案件中,不法分子不择手段为逃避海关监管条件的原因。

案例一

某储运公司变造海关单证

当事人某储运有限公司分别于2010年6月9日和2010年6月21日两次承运某办公设备有限公司的转关货物。因当事人承运海关监管货物的车辆运能不能满足需求,遂决定从其他公司调集运输车辆连同本公司牌号的海关监管车辆共同承运上述转关货物。

2010年6月9日和2010年6月21日,当事人共调集了8辆货车进行运输,并将上述承运的所有货物(集装箱)都填报在了海关编号为2××××6的1本"载货登记簿"上。当车辆到达指运地时,因该本"载货登记簿"由多辆海关监管车辆共同使用,违反了"载货登记簿"应由备案车辆固定使用的监管要求,造成上述承运车辆无法正常通过海关监管场所的卡口。为了进港交货,当事人的相关员工将运输车辆通过非监管通道进入监管场所后卸下集装箱。但因车辆未经海关监管通道,所以涉案的"载货登记簿"上"指运地、出境地海关签章"栏中缺少海关人员加盖的海关工号章,无法核销。当事人为了能够继续使用"载货登记簿",遂伪造了内容为"X关2911"、"X关0599"的海关人员工号印章,并在"载货登记簿"上的上述 8 个集装箱对应的"指运地、出境地海关签章"栏予以加盖。

2012 年 4 月,海关认定当事人构成变造海关单证违规,并对其作出罚款人民币 5 万元的行政处罚。

案例二

某公司变造海关单证

2008 年 1 月,某有限公司向海关申报出口 5 000 个 19 英寸液晶显示屏至韩国仁川。当事人连云港某公司作为该有限公司的口岸代理,在该有限公司未办结海关手续的情况下,为了赶船期,通过剪切、复制的方式把该有限公司未办结海关手续的报关单变造成已办结海关手续的区域通关报关单,并提供给该有限公司委托的报关企业办理海关手续,导致涉案的 5 000 个 19 英寸液晶显示屏在海关放行前即已实际出口。

2009 年 1 月,海关认定当事人构成变造海关单证违规,并对其作出罚款 6 万元人民币的行政处罚决定。

一、关键点分析

(一)常见海关单证的范围及管理要求

1."海关单证"是指填具内容、能够对海关监管带来实质性影响的海关单证,如由海关核发的报关单、手册、清单、减免税证明、监管证(簿)等凭证。海关单证是海关根据履行监管职责的需要制发的用以指示工作、处理问题或者联系事务的各种公文,和用以证明身份、权利义务关系或者有关事实的凭证,同时也是企业办理进出口业务的重要文件。

2. 海关单证一般具有固定的格式和内容设置，属于制式单证，只能由海关根据监管需要和实际情况，并按照规定的程序和格式，由经办关员或者机构予以填写、加盖印章或者出具。

3. 海关单证一经海关依法出具，即产生相应的法律效力，并只能由特定人自己使用，相对人应当妥善保管，并按照规定向海关交验或者接受检查，其内容非经海关许可不得变更、涂改，也不得用于出借、出租和出售等其他用途。

4. 部分空白的海关单证可以向海关购买，且须由专门单位和人员进行，海关予以登记备案。但任何单位和个人未经海关许可不得私自印刷、买卖空白海关单证。

5. 海关单证是海关监管的重要凭证，任何伪造、变造、买卖的行为都是违法行为。

（1）"伪造"，是指无制作权的人，冒用海关名义，非法制作海关单证的行为。

（2）"变造"，是指行为人利用涂改、刮擦、挖补、拼接等手段，对真实的海关单证进行改制，变更其原来真实内容的行为。

（3）"买卖"，是指行为人为谋利或者其他目的，非法购买或出售海关单证的行为。

（二）伪造、变造海关单证可能承担严重的法律后果

1. 刑事责任。

（1）事先与走私人通谋，内外勾结，为走私提供便利条件包括提供各种运输、收购、贩卖走私货物、物品所需的有关证明、凭证及其他相关海关单证的，以走私的共犯论处，情节严重的，构成走私罪共犯，依法追究刑事责任。

（2）未与走私人共谋，买卖伪造、变造的海关报关单、进口证明等单证、凭证或者国家机关的其他公文、证件、印章，情节严重的，构成伪造、变造、买卖国家机关公文、证件、印章罪，依法追究刑事责任。

2. 行政责任。

（1）伪造、变造、买卖海关单证的，由海关定性违规，处人民币5万元以上50万元以下的罚款，有违法所得的，没收违法所得。

（2）为了偷逃应纳税款或国家许可证管理，伪造、变造、买卖海关单证或者与走私人通谋将伪造、变造的海关单证提供给走私人使用，情节较轻不构成走私犯罪的，以走私行为共犯处理，由海关没收违法所得并处以罚款。

二、法规链接

（一）《海关法》相关条款

第八十四条　伪造、变造、买卖海关单证，与走私人通谋为走私人提供贷款、资金、账号、发票、证明、海关单证，与走私人通谋为走私人提供运输、保管、邮寄或者其他方便，构成犯罪的，依法追究刑事责任；尚不构成犯罪的，由海关没收违法所得，并处罚款。

（二）《中华人民共和国海关行政处罚实施条例》相关条款

第七条　违反海关法及其他有关法律、行政法规，逃避海关监管，偷逃应纳税款、逃避国家有关进出境的禁止性或者限制性管理，有下列情形之一的，是走私行为：

……

（三）使用伪造、变造的手册、单证、印章、账册、电子数据或者以其他方式逃避海关监管，擅自将海关监管货物、物品、进境的境外运输工具，在境内销售的；（擅自内销走私）

（四）使用伪造、变造的手册、单证、印章、账册、电子数据或者以伪报加工贸易制成品单位耗料量等方式，致使海关监管货物、物品脱离监管的；

……

第十条 与走私人通谋为走私人提供贷款、资金、账号、发票、证明、海关单证的，与走私人通谋为走私人提供走私货物、物品的提取、发运、运输、保管、邮寄或者其他方便的，以走私的共同当事人论处，没收违法所得，并依照本实施条例第九条的规定予以处罚。

第二十四条 伪造、变造、买卖海关单证的，处5万元以上50万元以下罚款，有违法所得的，没收违法所得；构成犯罪的，依法追究刑事责任。

(三)《刑法》相关条款

第一百五十六条 与走私罪犯通谋，为其提供贷款、资金、账号、发票、证明，或者为其提供运输、保管、邮寄或者其他方便的，以走私罪的共犯论处。

第二百八十条 伪造、变造、买卖或者盗窃、抢夺、毁灭国家机关的公文、证件、印章的处三年以下有期徒刑、拘役、管制或者剥夺政治权利；情节严重的处三年以上十年以下有期徒刑。

案例三

进口国家禁止进口的固体废物

2010年3月，上海某国际贸易有限公司以一般贸易方式向海关申报进口100吨对苯二甲酸。上述进口货物经海关取样送检，鉴定为对苯二甲酸次级品，属国家禁止进口的固体废物。当事人上海某国际贸易有限公司违反国家进口管理规定，进口国家禁止进口的固体废物，海关根据《中华人民共和国固体废物污染环境防治法》第七十八条第一款、《中华人民共和国海关行政处罚实施条例》第十三条之规定，对其科处罚款15万元人民币，其所进口的固体废物被责令退运出境。

一、关键点分析

（一）我国对固体废物进口的有关规定

1. 所谓"固体废物"，是指在生产、生活和其他活动中产生的丧失原有利用价值或者虽未丧失利用价值但被抛弃或者放弃的固态、半固态、液态和置于容器中的气态的物品、物质以及法律、行政法规规定纳入固体废物管理的物品、物质。

2. "变废为宝"、"循环利用"，这是现代经济及环保理念的共同选择，但并非所有固体废物都能无害利用。固体废物分为三类，即禁止进口的固体废物、限制进口类可用作原料的固体废物和自动许可进口类可用作原料的固体废物。

3. 禁止进口的固体废物，顾名思义不能进口；限制进口类可用作原料的固体废物，要在进口前向环保部门申领相应的许可证件；自动许可进口类可用作原料的固体废物，除向环保部门申领相应的许可证件外，还需向商务主管部门申领自动进口许可证件。

4. 固体废物属于国家法定检验检疫商品，海关应验核商品检验检疫部门出具的检验合格证明。

5. 国家禁止经过我国过境转移危险废物。

（二）进口禁止进口的固体废物应承担的法律责任

1. 将境外固体废物进境倾倒、堆放、处置，或者进口属于禁止进口的固体废物的，由海关责令退运该固体废物，可以并处人民币10万元以上100万元以下的罚款。

2. 过境转移危害废物的，由海关责令退运，可以并处人民币 5 万元以上 50 万元以下的罚款。

3. 从事海运、陆路及航空运输的承运企业将禁止进口的固体废物承运进入我国境内，而其实际货主无法查明的，由承运人承担退运固体废物的责任，或者承担固体废物的处置费用。

4. 逃避海关监管，将境外固体废物运输进境，以走私处理，情节严重构成犯罪的，依法追究刑事责任。

（三）关于固体废物进口的几点注意事项

1. 固体废物进口相关许可证不得出售、出租、出借，也不能使用购买或者租用、借用的许可证进口固体废物，更不能将进口的固体废物全部或者部分转让给许可证载明的利用企业以外的单位或者个人。

2. 即使拥有相关许可证，固体废物的进口也不像一般货物进口那样自由。例如，固体废物依法不得开展转口贸易；废纸以外的其他各类固体废物，除非另有规定，否则不得办理转关手续；禁止以凭指示交货（TO ORDER）方式承运固体废物入境；进口可用作原料的固体废物要进行装运前检验等等。

3. 进口废物"圈区管理"是目前国家对固体废物管理的发展方向，废物加工利用单位应当积极争取进入再生资源加工区，在积极配合国家监管的同时也有助于自身发展。

二、法规链接

（一）《固体废物进口管理办法》相关条款

第四条　禁止转让固体废物进口相关许可证。
本办法所称转让固体废物进口相关许可证，是指：
（一）出售或者出租、出借固体废物进口相关许可证；

（二）使用购买或者租用、借用的固体废物进口相关许可证进口固体废物；

（三）将进口的固体废物全部或者部分转让给固体废物进口相关许可证载明的利用企业以外的单位或者个人。

第五条 禁止中华人民共和国境外的固体废物进境倾倒、堆放、处置。

禁止固体废物转口贸易。

未取得固体废物进口相关许可证的进口固体废物不得存入海关监管场所，包括保税区、出口加工区、保税物流园区、保税港区等海关特殊监管区域和保税物流中心（A/B 型）、保税仓库等海关保税监管场所（以下简称"海关特殊监管区域和场所"）。

除另有规定外，进口固体废物不得办理转关手续（废纸除外）。

第十一条 禁止进口列入禁止进口目录的固体废物。

进口列入限制进口或者自动许可进口目录的固体废物，必须取得固体废物进口相关许可证。

第二十条 进口列入限制进口目录的固体废物，应当经国务院环境保护行政主管部门会同国务院对外贸易主管部门审查许可。进口列入自动许可进口目录的固体废物，应当依法办理自动许可手续。

第二十一条 固体废物进口相关许可证当年有效。

固体废物进口相关许可证应当在有效期内使用，无论是否使用完毕逾期均自行失效。

固体废物进口相关许可证因故在有效期内未使用完的，利用企业应当在有效期届满 30 日前向发证机关提出延期申请。发证机关扣除已使用的数量后，重新签发固体废物进口相关许可证，并在备注栏中注明"延期使用"和原证证号。

固体废物进口相关许可证只能延期一次，延期最长不超过 60 日。

第二十二条 固体废物进口相关许可证实行"一证一关"管理。一般情况下固体废物进口相关许可证为"非一批一证"制，如要实行"一批一证"，应当同时在固体废物进口相关许可证备注栏内打印"一批一证"字样。

"一证一关"指固体废物进口相关许可证只能在一个海关报关；"一批一证"指固体废物进口相关许可证在有效期内一次报关使用；"非一批一证"指固体废物进口相关许可证在有效期内可以多次报关使用，由海关逐批签注核减进口数量，最后一批进口时，允许溢装上限为固体废物进口相关许可证实际余额的3%，且不论是否仍有余额，海关将在签注后留存正本存档。

第三十条 对当事人拒不退运或者超过3个月不退运出境的固体废物，口岸海关会同口岸出入境检验检疫机构和口岸所在地环境保护行政主管部门对进口者或者承运人采取强制措施予以退运。

第三十一条 对确属无法退运出境或者海关决定不予退运的固体废物，经进口者向口岸海关申请（进口者不明时由承运人或者负有连带责任的第三人申请），参考就近原则，由海关以拍卖或者委托方式移交省、自治区、直辖市环境保护行政主管部门认定的具有无害化利用或者处置能力的单位进行综合利用或者无害化处置，相关滞港费用和处置费用由进口者承担，进口者不明的由承运人承担。

（二）《中华人民共和国固体废物污染环境防治法》相关条款

第七十八条 违反本法规定，将中华人民共和国境外的固体废物进境倾倒、堆放、处置的，进口属于禁止进口的固体废物或者未经许可擅自进口属于限制进口的固体废物用作原料的，由海关责令退运该固体废物，可以并处十万元以上一百万元以下的罚款；构成犯罪的，依法追究刑事责任。进口者不明的，由承运人承担退运该固体废物的责任，或者承担该固体废物的处置费用。

第七十九条 违反本法规定，经中华人民共和国过境转移危险废物的，由海关责令退运该危险废物，可以并处五万元以上五十万元以下的罚款。

第八十条 对已经非法入境的固体废物，由省级以上人民政府环境保护行政主管部门依法向海关提出处理意见，海关应当依照本法第七十八条的规定作出处罚决定；已经造成环境污染的，由省级以上人民政府环境保护行政主管部门责令进口者消除污染。

案例四

逃避许可证件

2002年9月至2005年8月间，当事人A公司相继向巴基斯坦出口23台转台，申报品名为"实验台"，申报税号为90312000.90，价值共计人民币338.5万元。经核定，上述转台实际应归入税则号90312000.40，对应的商品名称为"惯性平台测试台"，用途为测试导弹运行轨迹，属于《导弹及相关物项和技术出口管制清单》所规定的"惯性平台测试台（包括高精度离心机和转台）"，需提供两用和技术出口许可证方能出口，而涉案转台出口时均未办理出口许可手续。

经查，A公司在出口23台转台时明知国家对转台出口有管制规定的情况下，该公司主管人员要求负责办理出口手续的相关人员以"实验台"的商品名称申报出口，以规避敏感名称，并且伪报税号，以逃避许可证件管理。

2006年7月，海关认定当事人A公司以伪报品名及税则号列的方式出口23台转台的行为构成走私，依法对其追缴走私货物的等值价款人民币338.5万元。

一、关键点分析

(一) 国家对部分商品的进出口实行许可证件管理

1. 国家对实行限制性管理的进出口货物,采用许可证件的形式进行管理。

2. 通过进出口商品的税则号列,可以在《税则》上查询到该税则付印时相应商品的进出口是否需要提交许可证件及需要提交的许可证件的种类,最新规定可关注政府主管部门发布的规定。

3. 许可证件的种类较多,发证机关也不尽相同。如固体废物进口许可证由国家环保部门负责颁发,濒危物种允许进出口证明书由国家濒危物种进出口管理办公室负责颁发,麻醉药品和精神药品进出口准许证由国家药品监督管理部门负责颁发,而国家商务部门负责大部分一般商品的许可证件的颁发。

4. 国家对进出口商品实行限制性管理的,应当事先向主管机关申领相应的许可证件,在取得许可证件后方可凭证件向海关办理进出口报关手续。

(二) 逃避许可证件管理是严重违法行为

1. 采用伪报品名、伪报税则号列等方式,将应当提交许可证件的商品申报为不需要提交许可证件的商品,构成通常所称的逃证走私行为。

2. 逃证走私的,没收有关走私货物、物品和违法所得,并可以处走私货物、物品等值以下罚款。如果走私货物、物品无法或者不便没收的,应当追缴走私货物、物品的等值价款。

3. 部分涉及许可证件的逃证走私,情节严重的还可能构成走私犯罪,将受到相应的刑事处罚。

(三) 避免构成逃证走私行为的几点提示

1. 在进出口商品前，一定要详细了解商品的性质、特征，确保向海关申报的品名和税号无误。对确需提交许可证件的货物，主动申领；申领不到的，应当放弃进出口。

2. 明知进出口的商品需要提交许可证件但尚未取得的，切勿心存侥幸，甚至故意欺骗海关，以伪报品名和税号等方式试图蒙混过关。

3. 许可证件仅限于载明的申领人使用，不得出售或者转借他人，也不能利用他人的许可证件进出口货物。

二、法规链接

(一)《海关法》相关条款

第八十二条　违反本法及有关法律、行政法规，逃避海关监管，偷逃应纳税款、逃避国家有关进出境的禁止性或者限制性管理，有下列情形之一的，是走私行为：

（一）运输、携带、邮寄国家禁止或者限制进出境货物、物品或者依法应当缴纳税款的货物、物品进出境的；

……

有前款所列行为之一，尚不构成犯罪的，由海关没收走私货物、物品及违法所得，可以并处罚款；专门或者多次用于掩护走私的货物、物品，专门或者多次用于走私的运输工具，予以没收，藏匿走私货物、物品的特制设备，责令拆毁或者没收。

有第一款所列行为之一，构成犯罪的，依法追究刑事责任。

(二)《中华人民共和国海关行政处罚实施条例》相关条款

第七条　违反海关法及其他有关法律、行政法规，逃避海关监管，偷逃应纳税款、逃避国家有关进出境的禁止性或者限制性管理，有下列情形之一的，是走私行为：

（一）未经国务院或者国务院授权的机关批准，从未设立海关的地点运输、携带国家禁止或者限制进出境的货物、物品或者依法应当缴纳税款的货物、物品进出境的；

（二）经过设立海关的地点，以藏匿、伪装、瞒报、伪报或者其他方式逃避海关监管，运输、携带、邮寄国家禁止或者限制进出境的货物、物品或者依法应当缴纳税款的货物、物品进出境的；

……

第九条 有本实施条例第七条、第八条所列行为之一的，依照下列规定处罚：

……

（二）应当提交许可证件而未提交但未偷逃税款，走私国家限制进出境的货物、物品的，没收走私货物、物品及违法所得，可以并处走私货物、物品等值以下罚款；

……

专门用于走私的运输工具或者用于掩护走私的货物、物品，2年内3次以上用于走私的运输工具或者用于掩护走私的货物、物品，应当予以没收。藏匿走私货物、物品的特制设备、夹层、暗格，应当予以没收或者责令拆毁。使用特制设备、夹层、暗格实施走私的，应当从重处罚。

案例五

无法提供海关单证造成违法

2006年年初，当事人朱某经朋友介绍，向东莞某汽配个体经营者购买了一辆二手丰田大霸王面包车。卖主无法提供这辆车的发票和进口证明资料，仅答应给朱某开具售车收据。由于车价比市价低三成左右，朱某依然决定购买该车并办理了假车牌和机动车行驶证。2006年2月，朱某购买的二手丰田大霸王面包车被某公安分局查扣后移交至海关。2006年6月，该面包车被海关依法没收。

一、关键点分析

（一）国家对进口汽车、摩托车的管理规定

1. 国内目前主要的进口汽车、摩托车均来源于正规渠道，从国家指定的10个整车进口口岸申报交税进口，通过品牌代理商公开销售。

2. 正规渠道进口的汽车、摩托车，每车均具有海关签发的"货物进口证明书"，载明进口车辆的厂牌型号、车身颜色、发动机号码、车架号码、出厂日期和制造国等内容，购买时会随车提供。公安交通管理部门凭"货物进口证明书"才能给进口汽车办理核发牌证的手续。

3. 目前国内还有少量进口汽车属于外国驻华机构的自用车、外资企业常驻人员自用车及留学归国人员带入境的自用车。但上述车辆必须接受海关的监管，在解除监管前仅限上述机构和人员使用，不可以随意转让和改变用途。

4. 海关拍卖的非法进口汽车会随附海关总署签发的"没收走私汽车、摩托车证明书"，与正常进口汽车的"货物进口证明书"具有同等效力。

（二）持有无合法进口证明的汽车、摩托车应承担的法律责任

1. 无合法进口证明的进口汽车、摩托车，公安机关交管部门一律不予办理牌证手续。

2. 除海关外，公安、工商及其他执法部门发现无合法进口证明汽车的，可以予以扣留，统一移交海关依法处理。

3. 凡持有人在规定期限内（一般为3个月）不能提供合法进口证明的，车辆由海关予以没收。

4. 如果明知是走私汽车而直接向走私人购买的，还有可能构成走私共犯，将以走私行为处罚（没收汽车并处罚罚款）；情节严重构成犯罪的，依法追究刑事责任。

（三）非法进口汽车、摩托车的处理

1. 不论当事人是否具有走私等违法情节，只要进口汽车没有合法进口证明，一经发现，就将没收相关的进口车辆。

2. 无合法进口证明的汽车所有权人，没有该汽车的所有权但正在使用该汽车的使用人，以及没有所有权但受权利人的委托，代为保管该汽车的保管人，均可以作为海关没收的当事人。

3. 利用假发票、假证明以及其他非法手段申领了汽车牌照而没有合法手续的进口汽车，视为"无进口证明"的进口汽车，一经发现将予以没收。

二、法规链接

（一）《国务院办公厅关于加强进口汽车牌证管理的通知》（国办发〔1993〕55号）相关条款

一、公安交通管理部门必须凭海关签发的进口证明书，才能给进口汽车办理核发牌证的手续。

二、海关、公安、工商行政管理部门对查获的走私汽车和无进口证明的汽车应一律没收，不得罚款放行。没收的汽车交国家指定的部门销售，销售价格原则上不得低于正常进口汽车价格（包括各种进口税费），销售部门按国家规定的比例提取手续费。公安交通管理部门凭销售部门的销售发票和缉私部门的没收证明办理核发牌证的手续。销售部门由国家工商行政管理局与公安部、海关总署研究确定。

（二）《国务院办公厅关于对利用假发票、假证明申领牌照的进口汽车查处问题的复函》（国办函〔1997〕54号）相关条款

一、对利用假发票、假证明以及其他非法手段申领了汽车牌照而没有合法手续的进口汽车，应视为"无进口证明"的进口汽车。

二、根据国办发〔1993〕55号文件的规定，对"无进口证明"的进口汽车，公安、海关、工商行政管理机关应依法进行查处。

三、各执法部门在查处前，应先提请汽车牌照原发机关或其上级管理机关吊销牌照后再处理。请公安部会同国家工商局、海关总署制定具体办法。

四、公安交通管理部门要进一步提高鉴别能力，防止利用假发票、假证明和其他非法手段冒领汽车牌照。

案例六

无证出口军需品

2004年12月9日，当事人镇江市某进出口有限公司向海关申报出口标有"UN"字样的帐篷140套，申报总价142 766.4美元（折合人民币118.16万元）。经中国人民解放军总装备部综合计划部鉴定，该批帐篷具备军需品特征，应按照军需品管理，需要提交"中华人民共和国军品出口许可证"。2005年5月，扬州海关认定当事人构成无许可证出口军需品违规，决定科处其罚款人民币5万元，该批帐篷也不予放行。

一、关键点分析

1. 外贸货物分为三类，即自由进出口、限制进出口和禁止进出口的货物。国家对限制进出口的货物，实行配额、许可证等方式管理，需要进出口的，应当在向海关申报前取得相应的许可证明文件，并在申报时连同相关资料一并向海关提交。

2. 国家禁止个人从事军品进出口经营活动，军品出口只能由依法取得军品出口经营权的公司经营。未取得军品出口经营权的任何单位或者组织，不得从事军品出口经营活动。

3. 军品属于限制进出口类货物，军品出口前，凭军品出口合同批准文件，向国家军品出口主管部门申领"中华人民共和国军品出口许可证"。海关凭证接受申报，并按照国家有关规定验放。

二、法规链接

（一）《中华人民共和国对外贸易法》相关条款

第十六条　国家可以限制或者禁止有关货物、技术的进口或者出口。

第十九条　国家对限制进口或者出口的货物，实行配额、许可证等方式管理；对限制进口或者出口的技术，实行许可证管理。实行配额、许可证管理的货物、技术，应当按照国务院规定经国务院对外贸易主管部门或者经其会同国务院其他有关部门许可，方可进口或者出口。

（二）《中华人民共和国军品出口管理条例》相关条款

第二条　军品出口，是指用于军事目的装备、专用生产设备及其他物资、技术和有关服务的贸易性出口。军品出口，纳入军品出口管理清单。军品出口管理清单由国家军品出口主管部门制定、调整并公布。

第十三条　国家对军品出口实行许可制度。军品出口，应当凭军品出口许可证。

（三）《海关法》相关条款

第二十四条　进口货物的收货人、出口货物的发货人应当向海关如实申报，交验进出口许可证件和有关单证。国家限制进出口的货物，没有进出口许可证件的不予放行。

（四）《中华人民共和国海关行政处罚实施条例》相关条款

第十四条　违反国家进出口管理规定，进出口国家限制进出口的货物，进出口货物的收发货人向海关申报时不能提交许可证件的，进出口货物不予放行，处货物价值30%以下罚款。

违反国家进出口管理规定，进出口属于自动进出口许可管理的货物，进出口货物的收发货人向海关申报时不能提交自动许可证明的，进出口货物不予放行。

三、案例启示

（一）限制类货物进出口申报时不能提交许可证件应承担的法律责任

1. 进出口限制类货物申报时不能提交许可证件的，该进出口货物不予放行，处以货物价值30%以下的罚款。

2. 进出口属于自动进出口许可管理的货物，向海关申报时不能提交自动许可证明的，进出口货物不予放行，但不需要加处罚款。

（二）"不予放行"后续处理

1. 如进出口货物的收发货人申请退运的，海关依照有关规定办理退运手续。

2. 收发货人补来有关许可证件的，海关依法办结有关手续后予以放行。

3. 收发货人或者货物所有人声明放弃的，由海关提取依法变卖，所得价款在扣除运输、装卸、储存等费用后，上缴国库。

（三）进出口限制类进出口货物应关注的事项

1. "许可证件"是指依照国家有关规定，进出口货物收发货人在进出口申报前需要申领的，由国家有关主管部门批准颁发的准予进口或者出口的证明、文件。如进出口许可证、两用物项和技术进出口许可证、濒危物种允许进出口证明书、固体废物进口许可证。

2. 许可证件的主管部门为国务院外经贸主管部门或者国务院有关部门，一般需要至少提前30天向上述部门申请（军品出口需要至少提前10天）。

案例七

无证进口两用物项货品

2012年3月19日，江苏某化学品公司以一般贸易方式向海关申报进口纺织后整理剂170千克。海关在审单时发现，这批纺织后整理剂成分含量为丙烯酸类树脂35％、环己烷19％、甲苯44％、醋酸乙烯酯2％。根据《易制毒化学品进出口管理规定》（商务部2006年第7号令）第七条及商务部2007年第23号公告之规定，进口含甲苯比率高于40％的货物应申领两用物项和技术进口许可证。当事人因初次进口纺织后整理剂、不了解相关规定，故未向商务部门申领，向海关申报时亦不能提交上述许可证件。2012年5月，海关认定当事人进口国家限制进口货物向海关申报时不能提交许可证件，构成违规，决定对其处以

5 000元人民币罚款，并责令补办许可证件。

一、关键点分析

易制毒化学品须在进出口前领取许可证件

1. 我国对易制毒化学品进出口实行许可证管理制度。以任何方式进出口易制毒化学品均需申领许可证。

2. 经营者在进出口易制毒化学品时，应当如实向海关申报，提交进（出）口许可证。进口《易制毒化学品进出口管理目录》第一类的药品类易制毒化学品，还应提交食品药品监督管理部门出具的进口药品通关单。

二、法规链接

（一）《易制毒化学品进出口管理规定》（国务院令第445号）相关条款

第二条　本规定所称的易制毒化学品系指《易制毒化学品管理条例》附表所列可用于制毒的主要原料及化学配剂，目录见本规定附件。

第三条　国家对易制毒化学品进出口实行许可证管理制度。以任何方式进出口易制毒化学品均需申领许可证。

第六条　易制毒化学品进出口经营者（以下简称经营者）以加工贸易方式进出口易制毒化学品或加工制成品、副产品为易制毒化学品需内销的，应首先按照本办法规定取得相应的进（出）口许可，并凭进（出）口许可证办理相关手续。

第七条　混合物中含有易制毒化学品的，经营者应折算易制毒化学品数量后按照本规定申请进（出）口许可，含易制毒化学品的复方药品制剂除外。

第八条　易制毒化学品样品的进出口应按照本规定申请进（出）口许可。

第九条　易制毒化学品的过境、转运、通运应当按照本规定申请进（出）口许可。

第十条　易制毒化学品在境外与保税区、出口加工区等海关特殊监管区域、保税场所之间进出的，应当按照本规定申请进（出）口许可证。

易制毒化学品在境内与保税区、出口加工区等海关特殊监管区域、保税场所之间进出的，或者在上述海关特殊监管区域、保税场所之间进出的，无须申请进（出）口许可证。

第十一条　经营者在进出口易制毒化学品时，应当如实向海关申报，提交进（出）口许可证。进口第一类中的药品类易制毒化学品，还应提交食品药品监督管理部门出具的进口药品通关单。

第十二条　进出境人员随身携带《易制毒化学品管理条例》第一类中的药品类易制毒化学品药品制剂和高锰酸钾的，应当以自用且数量合理为限，并接受海关监管。

进出境人员不得随身携带前款规定以外的易制毒化学品。

（二）《易制毒化学品进出口管理目录》

序号　　商品名称　　商品编码

第一类

1. 麻黄碱（麻黄素，盐酸麻黄碱）＊2939410010

2. 硫酸麻黄碱＊2939410020

3. 消旋盐酸麻黄碱＊2939410030

4. 草酸麻黄碱＊2939410040

5. 伪麻黄碱（伪麻黄素，盐酸伪麻黄碱）＊2939420010

6. 硫酸伪麻黄碱＊2939420020

7. 盐酸甲基麻黄碱＊2939490010

8. 消旋盐酸甲基麻黄碱＊2939490020

9. 去甲麻黄碱及其盐＊2939490030

10. 供制农药用麻黄浸膏粉＊1302199011

11. 供制农药用麻黄浸膏＊1302199012

12. 供制医药用麻黄浸膏粉＊1302199091

13. 供制医药用麻黄浸膏＊1302199092

14. 其他麻黄浸膏粉＊1302199093

15. 其他麻黄浸膏＊1302199094

16. 药料用麻黄草粉关＊1211903910

17. 香料用麻黄草粉＊1211905010

18. 其他用麻黄草粉＊1211909910

19. 麻黄碱盐类单方制剂［指盐酸（伪）麻黄碱片，盐酸麻黄碱注射剂，硫酸麻黄碱片］＊3004409010

20. 胡椒醛（洋茉莉醛、3，4－亚甲二氧基苯甲醛、天芥菜精）＊2932930000

21. 1－苯基－2－丙酮（苯丙酮）＊2914310000

22. 3，4－亚甲基二氧苯基－2－丙酮＊2932920000

23. 黄樟素（4－烯丙基－1，2－亚甲二氧基苯）＊2932940000

24. 异黄樟素（4－丙烯基－1，2－亚甲二氧基苯）＊2932910000

25. 黄樟油＊3301299010

26. N－乙酰邻氨基苯酸（N－乙酰邻氨基苯甲酸，2－乙酰氨基苯甲酸）＊2924230010

27. 邻氨基苯甲酸（氨茴酸）＊2922431000

28. 麦角新碱＊2939610010

29. 麦角胺＊2939620010

30. 麦角酸＊2939630010

第二类

31. 苯乙酸＊2916340010

32. 醋酸酐（乙酸酐）＊2915240000

33. 三氯甲烷（氯仿）2903130000

34. 乙醚 2909110000

35. 哌啶（六氢哌啶）2933321000

第三类

36. 甲苯 2902300000

37. 丙酮 2914110000

38. 甲基乙基酮（丁酮）2914120000

39. 高锰酸钾＊2841610000

40. 硫酸 2807000010

41. 盐酸（氯化氢）2806100000

注：带＊号的为国际检查易制毒化学品。

（三）《中华人民共和国海关行政处罚实施条例》相关条款

第十四条 违反国家进出口管理规定，进出口国家限制进出口的货物，进出口货物的收发货人向海关申报时不能提交许可证件的，进出口货物不予放行，处货物价值30%以下罚款。

▼ 案例八

无证进口易制毒货物案

2004年10月，韩国籍公民权某在江苏省某市投资设立了荣升化工有限公司。2006年年初，该公司根据韩国M公司提供的产品配方，需进口无水醋酸（又称"醋酸酐"）作为产品添加剂。权某明知无水醋酸为我国严格管制的易制毒化学品，在未领取醋酸酐进口许可证的情况下，决定伪报品名、修改货物说明，从韩国进口无水醋酸。2006年3月至2007年9月，荣升化工公司以"纺织用助剂"向海关申报进口

220千克无水醋酸。在向海关提交的报关单证资料中，荣升化工公司将无水醋酸组成成分的含量分别虚假表述为：冰醋酸5%、甲酸20%、水75%。2008年3月，海关缉私部门在该公司厂区查获尚未使用的上述进口无水醋酸55.8千克。

2008年，法院经审理认定：荣升化工有限公司在没有按照规定领取醋酸酐进口许可证的情况下，采取伪报品名、伪报货物成分的手段，逃避海关监管，将220千克醋酸酐走私进境；权某作为公司直接负责的主管人员，其行为构成走私制毒物品罪，故判处荣升公司罚金人民币10万元；判处权某拘役三个月，缓刑六个月，并处罚金人民币8万元；没收该公司55.8千克醋酸酐，上缴国库。

一、关键点分析

本案中，权某作为在投资设立公司的主管人员，在明知无水醋酸需要进口许可证的前提下，仍然通过伪报商品品名、修改货物说明等方式，走私进口易制毒化学品醋酸酐，且违法所得归公司所有。因此，荣升公司是本案主体，权某作为该公司直接负责的主管人员，也应承担相应的法律责任，法院据此分别对荣升公司和权某进行了判决。

二、法规链接

（一）《刑法》相关条款

第六条 凡在中华人民共和国领域内犯罪的，除法律有特别规定的以外，都适用本法。

凡在中华人民共和国船舶或者航空器内犯罪的，也适用本法。

犯罪的行为或者结果有一项发生在中华人民共和国领域内的，就认为是在中华人民共和国领域内犯罪。

第十一条 享有外交特权和豁免权的外国人的刑事责任，通过外交途径解决。

第三百五十条　违法国家规定，非法运输、携带醋酸酐、乙醚、三氯甲烷或者其他用于制造毒品的原料或者配剂进出境的，或者违反国家规定，在境内非法买卖上述物品的，处三年以下有期徒刑、拘役或者管制，并处罚金；数量大的，处三年以上十年以下有期徒刑，并处罚金。

明知他人制造毒品而为其提供前款规定的物品的，以制造毒品罪的共犯论处。

单位犯前两款罪的，对单位判处罚金，并对其直接负责的主管人员和其他责任人员，依照前两款的规定处罚。

（二）《易制毒化学品进出口管理规定》相关条款

第五条　易制毒化学品的生产、经营、购买、运输和进口、出口，除应当遵守本条例的规定外，属于药品和危险化学品的，还应当遵守法律、其他行政法规对药品和危险化学品的有关规定。

禁止走私或者非法生产、经营、购买、转让、运输易制毒化学品。

禁止使用现金或者实物进行易制毒化学品交易。但是，个人合法购买第一类中的药品类易制毒化学品药品制剂和第三类易制毒化学品的除外。

生产、经营、购买、运输和进口、出口易制毒化学品的单位，应当建立单位内部易制毒化学品管理制度。

第二十九条　外商投资企业收到报送书面材料的通知后，应向省级商务主管部门提交下列书面材料：

（一）经签字并加盖公章的"外商投资企业易制毒化学品进（出）口申请表"原件；

（二）盖有联合年检合格标识的批准证书复印件；

（三）营业执照副本复印件；

（四）商务主管部门关于设立该企业的批文及企业合营合同或章

程、验资报告；

（五）易制毒化学品生产、经营、购买许可证或者备案证明；

（六）进口或者出口合同（协议）复印件；

（七）经办人的身份证明复印件。

申请易制毒化学品出口许可的，还应当提交进口方政府主管部门出具的合法使用易制毒化学品的证明或进口方合法使用的保证文件原件。

申请易制毒化学品进口许可的，还需提交申请进口易制毒化学品的报告，包括外商投资企业对监管手段的说明及不得用于制毒的保证函。

对本条规定的材料复印件有疑问时，商务主管部门可要求外商投资企业交验上述有关材料原件。

书面材料不齐全或不符合法定形式的，省级商务主管部门应在收到书面材料之日起 5 日内告知外商投资企业需要补正的全部内容，逾期不告知的，自收到书面材料之日起即为受理。

第三十条　进口、出口或者过境、转运、通运易制毒化学品的，应当如实向海关申报，并提交进口或者出口许可证。海关凭许可证办理通关手续。

易制毒化学品在境外与保税区、出口加工区等海关特殊监管区域、保税场所之间进出的，适用前款规定。

易制毒化学品在境内与保税区、出口加工区等海关特殊监管区域、保税场所之间进出的，或者在上述海关特殊监管区域、保税场所之间进出的，无须申请易制毒化学品进口或者出口许可证。

进口第一类中的药品类易制毒化学品，还应当提交食品药品监督管理部门出具的进口药品通关单。

第三十一条　进出境人员随身携带第一类中的药品类易制毒化学品药品制剂和高锰酸钾，应当以自用且数量合理为限，并接受海关监管。

进出境人员不得随身携带前款规定以外的易制毒化学品。

（三）《最高人民法院关于审理毒品案件定罪量刑标准有关问题的解释》（法释〔2000〕13号）相关条款

第四条　违反国家规定，非法运输、携带进出境或在境内非法买卖醋酸酐、乙醚、三氯甲烷或者其他用于制造毒品的原料或者配剂达到下列数量标准的，依照刑法第三百五十条第一款的规定定罪处罚：

（一）麻黄碱、伪麻黄碱及其盐类和单方制剂五千克以上不满五十千克；麻黄浸膏、麻黄浸膏粉一百千克以上不满一千千克；

（二）醋酸酐、三氯甲烷二百千克以上不满两千千克；

（三）乙醚四百千克以上不满三千千克；

（四）上述原料或者配剂以外其他相当数量的用于制造毒品的原料或者配剂。

违反国家规定，非法运输、携带进出境或者在境内非法买卖用于制造毒品的原料或者配剂，超过前款所列数量标准的，应当认定为刑法第三百五十条第一款规定的"数量大"。

三、案例启示

1. 我国对易制毒化学品分为三类。第一类是可以用于制毒的主要原料，第二类、第三类是可以用于制毒的化学配剂。醋酸酐、乙醚、三氯甲烷等化学品，既是医药和工农业生产原料，又是制造毒品必不可少的配剂。《联合国禁止非法贩运麻醉药品和精神药物公约》中列举了可用于制造毒品的化学物品，醋酸酐、乙醚都明确规定在其中。国家对易制毒化学品的生产、经营、购买、运输和进口、出口实行分类管理和许可制度。易制毒化学品的生产、经营、购买、运输和进口、出口，除应当遵守法律规定外，属于药品和危险化学品的，还应当遵守其他法律、行政法规对药品和危险化学品的有关规定。禁止走私或者非法生产、经营、购买、转让、运输易制毒化学品。

根据我国《易制毒化学品进出口管理规定》第二十九条的规定，外商投资企业申请进出口易制毒化学品的，应当如实、准确、完整填写"外商投资企业易制毒化学品进（出）口申请表"，提交省级商务主管部门审查，还需提交申请进口易制毒化学品的报告，包括外商投资企业对监管手段的说明及不得用于制毒的保证函。

进口、出口或者过境、转运、通运易制毒化学品的，应当如实向海关申报，并提交进口或者出口许可证，海关凭许可证办理通关手续。进出境人员随身携带第一类中的药品类易制毒化学品药品制剂和高锰酸钾，应当以自用且数量合理为限，并接受海关监管。除此之外，进出境人员不得随身携带其他的易制毒化学品。

违反法律规定，走私易制毒化学品的，由海关没收走私的易制毒化学品；有违法所得的，没收违法所得，并依照海关法律、行政法规给予行政处罚；构成犯罪的，依法追究刑事责任。

2. 我国法律禁止走私或者非法生产、经营、购买、转让、运输易制毒化学品。对违反法律规定，非法运输、携带进出境或在境内非法买卖醋酸酐200千克以上不满2 000千克的，处三年以下有期徒刑、拘役或者管制，并处罚金。超过2 000千克的，处三年以上十年以下有期徒刑，并处罚金。单位犯罪的，对单位判处罚金，并对其直接负责的主管人员和其他直接责任人员，依照走私制毒物品罪的规定处罚。

特别需要注意的是，只要走私的货物本身属于易制毒化学品，并且达到一定数量，就构成走私制毒物品罪，并不需要实际用于制毒或销售给制毒者。

3. 外国籍人也须守法，犯罪适用中国刑法。

根据我国《刑法》第六条的规定，凡在我国领域内犯罪的，除法律有特别规定的以外，都适用我国《刑法》。本案中，权某虽是韩国人，但其在我国境内实施走私犯罪行为，故应当依照我国《刑法》对其追究刑事责任。因此，外国人、无国籍人在中国无论是投资经商，还是工作、留学，或者是居家生活等，都应当遵守中国法律、法规，不得违反中国法律、法规规定，否则，也将和中国公民一样，承担相应的法律责任，没有超国民待遇的特权。外商在华投资企业也同样必须遵守中国法律、法规。

当然，对于享有外交特权和豁免权的外国人在我国领域内犯罪的，属于"法律有特别规定的"情形，一般通过外交途径来解决他们的刑事责任，这也属于国际社会在外交领域通行的惯例。

此外，根据我国《刑法》第八条规定，外国人在我国领域外对中华人民共和国国家或者公民犯罪，而按我国《刑法》规定的最低刑为三年以上有期徒刑的，也可以适用我国《刑法》，但是按照犯罪地的法律不受处罚的除外。

第七节　申报的其他要素

我国目前使用的纸质报关单的申报项共有48项，其中的每一项对于货物的正常通关都至关重要，在海关日常执法中，也出现过只重视归类和价格而忽视其他项的填写，导致出现违规甚至违法行为。

案例一

错误申报境内货源地

2011年9月13日，某报关公司因申报不实影响海关统计准确性被海关处以罚款人民币5 000元。时隔半月多，该公司于9月30日接受货主委托向海关申报，在从加工贸易的手册项下出口一批太阳能电池组件时，再次因该公司工作人员的疏忽大意，将出口货物的境内货源地申报错误，影响了海关统计的准确性。2011年10月，海关认定当事人的行为构成申报不实违规，且具备从重处罚情节，决定对其作出罚款人民币8 000元的行政处罚。

一、关键点分析

（一）海关予以从重处罚的情形

1. 因走私犯罪被判处刑罚或者走私行为被海关行政处罚后在两年内又实施走私行为的。

2. 因走私犯罪被判处刑罚或者走私行为被海关行政处罚后，一年内又实施违反海关监管规定行为的。

3. 因违反海关监管规定被海关行政处罚后，一年内又实施同一违反海关监管规定行为的。同一行为，是指行为方式相同且违反同一海关监管规定的行为。

4. 采取制造虚假材料、提供虚假陈述、虚构事实、隐匿、消灭证据等方式阻碍海关开展调查的。

（二）海关从重处罚的一般标准和幅度

1. 走私行为需要从重处罚的，除没收走私货物、物品和走私运输工具外，另并处罚款，罚款数额一般按下列标准掌握：

（1）偷逃税款的，处偷逃税款额1倍以上的罚款。其中，低报价格逃税走私的，处偷逃税款额3倍的罚款；

（2）偷逃许可证件管理走私的，处货物、物品价值等值以下的罚款；

（3）走私禁止进出口货物的，处总额不超过人民币100万元的罚款；

（4）走私禁止进出境物品的，处总额不超过人民币10万元的罚款。

2. 违反海关监管规定行为需要从重处罚的，罚款数额一般按下列标准掌握：

（1）以货物、物品价值为基准处罚的，处货物、物品价值10%以上的罚款；

（2）以漏缴税款为基准处罚的，处漏缴税款1倍以上的罚款；

（3）报关企业、报关人员对委托人所提供情况的真实性未进行合理审查，或者因工作疏忽发生申报不实违规的，除仅影响海关统计准确性的以外，处货物价值8%以上的罚款。

3. 规定额度罚款的，罚款数额一般在法定数额的中间值以上掌握。

二、法规链接

《中华人民共和国海关行政处罚实施条例》相关条款

第五十三条　有下列情形之一的，应当从重处罚：

（一）因走私被判处刑罚或者被海关行政处罚后在2年内又实施走私行为的；

（二）因违反海关监管规定被海关行政处罚后在1年内又实施同一违反海关监管规定的行为的；

（三）有其他依法应当从重处罚的情形的。

三、案例启示

1. 从重处罚分为法定从重和酌定从重两类。法定从重是法律法规所明确规定的从重处罚情形；酌定从重是行为人的违法行为恶劣、危害后果较为严重或者危害后果无法纠正和弥补，需要酌情予以从重处罚的情形。具备法定从重情节的，海关必须依法对行为人予以从重处罚；具备酌定从重情节的，海关会综合考虑行为人的主观恶性、违法手段、社会危害性及认识态度等因素，予以合理的从重处罚。

2. 从重处罚不是加重处罚。只是在法定的处罚种类和处罚幅度内对行为人适用较重种类或者较高幅度的处罚，同一处罚种类不超过规定的幅度上限。加重处罚则是指在法定处罚种类以内最高幅度以上进行处罚，目前海关行政处罚中暂没有加重处罚的规定和情形。

3. 从重处罚不是绝对要适用最重的处罚方式，也不是一定要在幅度范围内的最高限进行处罚，而是应综合考虑行为人的具体违法情节、性质、认错态度等，在规定的从重处罚幅度内选择确定。

4. 从重处罚只是量罚的情节之一，并非必然的处罚结果。行为人同时具备从轻和从重处罚情节的，按照一般情节处罚；同时具备减轻和从重处罚情节的，按照从轻情节处罚。

案例二

多报少出涉嫌骗取退税

2007年11月，苏州某动力系统有限公司向海关申请核销加工贸易手册，其中第23项成品锂离子电池组对应保税料件锂离子蓄电池的报核单耗为5，申报总计耗用锂离子蓄电池97 500个，其中耗用保税料件锂离子蓄电池80 500个，其余耗用非保税料件。但实际该本手册项下出口的保税成品对应保税料件锂离子蓄电池的真实单耗为3，耗用保税料件锂离子蓄电池58 500个。该公司核销手册时单耗申报错误导致手册项下多核销了保税料件锂离子蓄电池22 000个。

2008年5月，该公司再次向海关申请核销另1本加工贸易手册，其中第4项成品锂离子电池组对应保税料件锂离子蓄电池的报核单耗为6，申报总计耗用锂离子蓄电池240 000个，其中耗用保税料件锂离子蓄电池 137 073 个，其余耗用非保税料件。2008 年 5 月 26 日，该手册核销结案。但实际该本手册项下出口的保税成品共有两种，其中 1 种成品的实际单耗为 3，总计耗用保税料件锂离子蓄电池 127 500 个。该公司单耗申报错误导致手册项下多核销了保税料件锂离子蓄电池 9 573 个。

造成上述单耗申报错误的原因主要是其实际出口的锂离子电池组涉及 3 种型号，对应的保税料件锂离子蓄电池的单耗也分为 3 和 6 两种。由于内部管理不善，该公司不同部门间员工缺乏沟通，关务与生产脱节，故申报时未能认真审核确认各型号成品的实际单耗。结余的锂离子蓄电池已在该公司随后新申领的手册项下制成成品出口。

经核定，该公司因单耗申报不准共计多核销保税料件锂离子蓄电池 31 573 个，价值人民币 317 736.04 元，涉及税款人民币 75 263.49 元。

2009 年 12 月，海关认定当事人构成单耗申报不实违规，并对其作出罚款人民币 32 000 元的行政处罚。

一、关键点分析

（一）如实申报制成品单耗是海关对加工贸易监管的基本要求之一

1. 单耗，是指加工贸易企业在正常加工条件下加工单位成品所耗用的料件量。

（1）单耗决定了企业保税进口的料件最终能够有多少可以被海关保税核销，单耗之外的进口料件，不能享受保税的政策优惠，需要缴纳相应的税款。

（2）单耗包括净耗和工艺损耗。净耗，是指在加工后，料件通过物理变化或者化学反应存在或者转化到单位成品中的量。工艺损耗，是指因加工工艺原因，料件在正常加工过程中除净耗外所必需耗用，但不能存在或者转化到成品中的量，包括有形损耗和无形损耗。

2. "如实申报、据实核销"是海关对加工贸易单耗管理的总原则，加工贸易企业必须如实申报本企业生产成品的实际单耗，海关根据企业申报或海关核定的单耗进行核销。

加工贸易企业申报单耗应当包括以下内容：

（1）加工贸易项下料件和成品的商品名称、商品编号、计量单位、规格型号和品质；

（2）加工贸易项下成品的单耗；

加工贸易同一料件有保税和非保税料件的，应当申报非保税料件的比例、商品名称、计量单位、规格型号和品质。

3. 加工贸易企业必须按照海关规定的时间节点如实申报真实的单耗。

（1）一般情况下加工贸易企业应当在成品出口、深加工结转或者内销前如实向海关申报单耗；

（2）生产工艺流程简单、产品净耗比较稳定、产品单耗关系不太复杂的，可在合同备案环节一并向海关申报单耗；

（3）因生产工艺的原因，无法在成品出口、深加工结转或者内销前申报单耗的，在成品出口、深加工结转或者内销前提出书面申请，并留存成品样品以及相关单证，经海关同意，可以在报核前申报单耗。

4. 在生产过程中，发生实际生产单耗与之前申报的单耗不符情况的，加工贸易企业可以向海关申请办理单耗变更或者撤销手续。但下列情形除外：

（1）保税成品已经申报出口的；

（2）保税成品已经办理深加工结转的；

（3）保税成品已经申请内销的；

（4）海关已经对单耗进行核定的；

（5）海关已经对加工贸易企业立案调查的。

（二）单耗申报不实违规应承担的法律责任

1. 单耗申报不实的，将被处申报单耗耗用保税料件与实际单耗耗用保税差额的保税料件价值5%以上30%以下的罚款，有违法所得的，没收违法所得；漏缴税款的，可以另处漏缴税款1倍以下罚款。

2. 因工作失误在单耗申报环节未能如实申报单耗，或者申报时如实申报了单耗，但因生产技术的提高等原因单耗发生变更，未能及时向海关申请变更，但是在手册核销环节如实向海关报核了真实单耗的，可以从轻或减轻处罚。

3. 在海关核销手册前发现单耗申报错误的，责令当事人更改单耗，重新申报并核销；手册核销结案后发现单耗申报错误的，责令当事人补缴申报单耗与实际单耗差额部分保税料件的应缴税款及相应的违规滞纳金。

4. 明知生产成品的实际单耗，而故意高报，截留保税料件或成品，致使其脱离海关监管，偷逃税款的，定性伪报单耗走私；情节严重偷逃税款数额较大的，构成走私犯罪，依法追究刑事责任。

二、法规链接

（一）《海关法》相关条款

第三十三条　企业从事加工贸易，应当持有关批准文件和加工贸易合同向海关备案，加工贸易制成品单位耗料量由海关按照有关规定核定。

（二）《中华人民共和国海关行政处罚实施条例》相关条款

第十八条　有下列行为之一的，处货物价值5%以上30%以下罚款，有违法所得的，没收违法所得：

……

（四）经营保税货物的运输、储存、加工、装配、寄售、展示等业务，不依照规定办理收存、交付、结转、核销等手续，或者中止、延长、变更、转让有关合同不依照规定向海关办理手续的；

（五）未如实向海关申报加工贸易制成品单位耗料量的；

……

前款规定所涉货物属于国家限制进出口需要提交许可证件，当事人在规定期限内不能提交许可证件的，另处货物价值30%以下罚款；漏缴税款的，可以另处漏缴税款1倍以下罚款。

（三）《中华人民共和国海关加工贸易单耗管理办法》相关条款

第四条 加工贸易企业应当在加工贸易备案环节向海关进行单耗备案。

第五条 单耗管理应当遵循如实申报、据实核销的原则。

第六条 加工贸易企业向海关提供的资料涉及商业秘密，要求海关保密并向海关提出书面申请的，海关应当依法予以保密。加工贸易企业不得以保密为由，拒绝向海关提供有关资料。

第十七条 加工贸易企业应当采取纸质或者电子数据形式申报单耗。

（四）《中华人民共和国海关对加工贸易货物监管办法》相关条款

第三十一条 经营企业报核时应当向海关如实申报进口料件、出口成品、边角料、剩余料件、残次品、副产品以及单耗等情况，并向海关提交加工贸易手册、加工贸易进出口货物专用报关单以及海关要求提交的其他单证。

案例三

错误申报数量影响退税

2009 年 4 月，当事人扬州某羽绒制品股份有限公司安排装箱出口水洗白鹅绒 18 078 千克（188 包），总价 536 916.6 美元。由于工作人员在装箱过程中的工作失误，实际装箱数量为 14 458.2 千克（150 包），且现场装箱人员未将实际装箱数量通知制单人员。导致制单人员仍将事先制作的数量为 18 078 千克（188 包）、总价为 539 616.6 美元的发票、装箱单等相关单证提供给所委托的报关企业向扬州海关申报，最后被查获。多报部分货物价值 107 508.06 美元，折合人民币 734 484.32 元，按照申报税则号列 13% 的出口退税率计算，当事人上述错误申报行为可多退税款人民币 95 482.96 元。扬州海关认定当事人上述行为构成申报不实影响国家出口退税管理违规，并对其作出罚款人民币 75 000 元的行政处罚决定。

一、关键点分析

（一）进出口货物的收发货人应当向海关如实申报

1. 进口货物的收货人，出口货物的发货人，即进出口报关单上的经营单位，也就是签订进出口合同，对外收、付汇的单位，是向海关如实申报的法定义务人。

2. 向海关申报的内容及提交的相关随附单据资料必须做到两个一致：

（1）"单单相符"——单据与单据之间，例如合同、发票、提单、装箱单等的相关内容如货物品名、数量、价格等必须一致。

（2）"单货相符"——申报内容和提交的单据的内容和描述与实际进出口货物必须一致。

3. 应当如实申报的内容包括进出口货物报关单上需要填写的所有项目，主要包括货物的品名、应当归入的税则号列、数量、价格、贸易方式、原产地、起运地、运抵地、最终目的地等。

4. 企业提供申报需要的单据资料并对此承担责任。

（二）出口货物申报不实影响国家出口退税管理应承担的法律责任

1. 出口货物申报不实可能多退税款的，由海关定性违规，处申报价格10%以上50%以下罚款。

2. 已经实际多退税款的，海关可以将多退的税款作为违法所得予以没收，也可以在进行罚款处罚后将案件情况函告企业主管国税部门，由其对多退税款依法作出处理。

3. 已结关但未实际退税的，海关在行政处罚后将案件情况函告企业主管国税部门依法处理。未结关的，由海关应责令当事人予以改单，重新申报。

4. 故意隐瞒真实情况进行虚假申报以多获取国家退税款的，按照骗取国家出口退税行为定性处理，情节严重的，构成犯罪，海关依法移交公安机关追究刑事责任。

二、法规链接

（一）《海关法》相关条款

第二十四条　进口货物的收货人、出口货物的发货人应当向海关如实申报，交验进出口许可证件和有关单证。国家限制进出口的货物，没有进出口许可证件的不予放行。

第八十六条　违反本法规定有下列行为之一的，可以处以罚款，有违法所得的，没收违法所得：

……

（三）进出口货物、物品或者过境、转运、通运货物向海关申报不实的；

……

（二）《中华人民共和国海关行政处罚实施条例》相关条款

第十五条　进出口货物的品名、税则号列、数量、规格、价格、贸易方式、原产地、起运地、运抵地、最终目的地或者其他应当申报的项目未申报或者申报不实的，分别依照下列规定予以处罚，有违法所得的，没收违法所得：

……

（五）影响国家外汇、出口退税管理的，处申报价格10%以上50%以下罚款。

（三）《中华人民共和国海关进出口货物申报管理规定》相关条款

第五条　申报采用电子数据报关单申报形式和纸质报关单申报形式。电子数据报关单和纸质报关单均具有法律效力。

三、案例启示

1. "影响国家出口退税管理"是应当如实申报的项目未申报或者申报的内容与实际出口货物不符，导致可能多退税款的行为，上述行为造成少退国家税款的，不作此认定。

2. "影响"仅指可能多退税款即可，而不要求实际已办理退税手续，获取了多退的税款。即只要当事人错误申报完毕即构成违规，海关就可予以认定和处罚。

3. 进出口收发货人向所委托的报关企业提供的相关材料（单据）"单单不符"，报关企业也未审查发现，并最终导致申报内容与货物实际不符的，收发货人和报关企业分别承担各自的法律责任；收发货人如实提供相关材料(单据)"单单相符"且"单货相符"但报关企业因工作疏忽或错误导致最终申报内容与货物实际不符的,报关企业依法承担申报不实的法律责任。

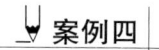

申报错误造成统计差错

当事人江苏某国际集团股份有限公司与陈某(个人)于2007年签订长期代理出口协议书,约定由该公司代理陈某出口电子元器件,具体每批的出口信息以客户通知为准。2009年1月中旬,当事人按照陈某的通知,以一般贸易方式出口至印度发光二极管11 025 000个(总价75 292.5美元),晶体管150 000个(总价8 025美元),集成电路55 000个(总价5 967.5美元)。但由于当事人工作人员工作失误,在制作相关报关用单据时将上述货物中的集成电路数量误写为5 500 000个(总价仍为5 967.5美元),并提供给所委托的报关公司。该报关公司于2009年1月23日按照上述错误数量向上海外港海关申报出口。2010年5月,海关认定当事人的上述行为构成出口货物申报不实违规,影响了海关统计的准确性,并对其作出科处罚款人民币1 000元的行政处罚决定。

一、关键点分析

(一)海关统计的范围和项目

1. 编制海关统计是海关法定的四项职能和任务之一,海关统计是国民经济统计的重要组成部分。海关统计的任务是对进出口货物贸易进行统计调查、统计分析和统计监督,进行进出口监测预警,编制、管理和公布海关统计资料,提供统计服务。

2. 海关统计的范围包括实际进出境并引起境内物质存量增加或者减少的货物以及依法应当列入统计的物品（超过自用、合理数量的物品）。没有实际进出境或者虽然实际进出境但没有引起境内物质存量增加或者减少的货物不列入海关统计，具体包括：

（1）过境、转运和通运货物；

（2）暂时进出口货物；

（3）货币及货币用黄金；

（4）租赁期1年以下的租赁进出口货物；

（5）因残损、短少、品质不良或者规格不符而免费补偿或者更换的进出口货物；

（6）海关总署规定的不列入海关统计的其他货物。

3. 海关对进出口货物的统计项目具体如下：

（1）品名及编码；

（2）数量、价格；

（3）经营单位；

（4）贸易方式；

（5）运输方式；

（6）进口货物的原产国（地区）、启运国（地区）、境内目的地；

（7）出口货物的最终目的国（地区）、运抵国（地区）、境内货源地；

（8）进、出口日期；

（9）关别；

（10）海关总署规定的其他统计项目。

（二）申报不实影响海关统计准确性的法律责任

1. 进出口货物的收发货人未委托报关企业而自行办理报关手续，或者虽然委托了报关企业，但未按照规定向报关企业提供所委托报关事项的真实情况（单单相符但单货不符）的，发生应当申报的项目未申报或申报不实仅影响海关统计准确性的；对进出口货物的收发货人予以警告或者处 1 000 元以上 1 万元以下罚款。

2. 进出口货物的收发货人委托报关企业办理报关手续，并按照规定提供了所委托报关事项的真实情况，报关企业、报关人员因工作疏忽导致应当申报的项目未申报或申报不实仅影响海关统计准确性的，对报关企业、报关人员处货物价值 10% 以下罚款，可以暂停其 6 个月以内从事报关业务或者执业；情节严重的，撤销其报关注册登记、取消其报关从业资格。

3. 进出口货物的收发货人委托报关企业办理报关手续，但未按照规定向报关企业提供所委托报关事项的真实情况（单单不符），报关企业也未合理审查或者因工作疏忽导致应当申报的项目未申报或申报不实仅影响海关统计准确性的，对进出口货物收发货人和报关企业同时按照规定予以行政处罚。

二、法规链接

（一）《海关法》相关条款

第二十四条　进口货物的收货人、出口货物的发货人应当向海关如实申报，交验进出口许可证件和有关单证。

第八十六条　违反本法规定有下列行为之一的，可以处以罚款，有违法所得的，没收违法所得：

......

（三）进出口货物、物品或者过境、转运、通运货物向海关申报不实的；

......

(二)《中华人民共和国海关行政处罚实施条例》相关条款

第十五条 进出口货物的品名、税则号列、数量、规格、价格、贸易方式、原产地、启运地、运抵地、最终目的地或者其他应当申报的项目未申报或者申报不实的,分别依照下列规定予以处罚,有违法所得的,没收违法所得:

(一)影响海关统计准确性的,予以警告或者处1000元以上1万元以下罚款;

……

第十六条 进出口货物收发货人未按照规定向报关企业提供所委托报关事项的真实情况,致使发生本实施条例第十五条规定情形的,对委托人依照本实施条例第十五条的规定予以处罚。

第十七条 报关企业、报关人员对委托人所提供情况的真实性未进行合理审查,或者因工作疏忽致使发生本实施条例第十五条规定情形的,可以对报关企业处货物价值10%以下罚款,暂停其6个月以内从事报关业务或者执业;情节严重的,撤销其报关注册登记、取消其报关从业资格。

(三)《中华人民共和国海关进出口货物申报管理规定》相关条款

第七条 进出口货物的收发货人、受委托的报关企业应当依法如实向海关申报,对申报内容的真实性、准确性、完整性和规范性承担相应的法律责任。

第十条 电子数据报关单经过海关计算机检查被退回的,视为海关不接受申报,进出口货物收发货人、受委托的报关企业应当按照要求修改后重新申报,申报日期为海关接受重新申报的日期。

第十二条 报关企业接受进出口货物收发货人委托办理报关手续的,应当与进出口货物收发货人签订有明确委托事项的委托协议,进出口货物收发货人应当向报关企业提供委托报关事项的真实情况。

报关企业接受进出口收发货人的委托，办理报关手续时，应当对委托人所提供情况的真实性、完整性进行合理审查，审查内容包括：

（一）证明进出口货物的实际情况的资料，包括进出口货物的品名、规格、用途、产地、贸易方式等；

（二）有关进出口货物的合同、发票、运输单据、装箱单等商业单据；

（三）进出口所需的许可证件及随附单证；

（四）海关要求的加工贸易手册（纸质或电子数据的）及其他进出口单证。

报关企业未对进出口货物的收发货人提供情况的真实性、完整性履行合理审查义务或违反海关规定申报的，应当承担相应的法律责任。

第十三条　进口货物的收货人，向海关申报前，因确定货物的品名、规格、型号、归类等原因，可以向海关提出查看货物或者提取货样的书面申请。海关审核同意的，派员到场实际监管。

第二章 关税的征收、减免和监管货物的处置

海关的传统职能就是征免验放,关税的征收和减免是实现国家宏观调控的杠杆,也是国家财政收入的重要保证。2012 年,全国海关税收 17 639 亿元人民币,占整体国家财政收入的 15%。上一章案例涉及伪报品名、低报价格等情形,当事人最终目的就是为了偷逃关税。除了前面已经介绍的常规案例以外,还有一些针对课税主体和减免税设备的典型案例,也是值得企业反思的。

第一节 关税的征收主体和课税对象

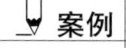 案例

内海走私普通货物罪

1998 年,徐某、蔡某等六人以股份形式组成走私集团,在黄海海边江苏省某县的河堤上租建了用于走私香烟的码头,并租用固定民房安排雇佣的搬运工居住,之后在黄海海域多次实施走私香烟犯罪活动。2000 年 10 月底,该集团在湖北省武汉市购买一艘旧货轮,对该货轮进

行修理、改造后，专门用于海上走私香烟。同年 12 月 21 日晚，该犯罪集团准备进行海上走私香烟活动，徐某在淮阴某饭店等待海上走私香烟卸货到码头后转运，蔡某等人则登上改装货轮于次日 15 时许驶往黄海开山岛方向约定接货海域（属内海）。经蔡某与前来送货的走私船联系，两艘走私船在海上进行了对接，蔡某指挥其他人从对方船上卸载 3 400 余箱"555"牌走私香烟，搬运到蔡某驾驶的货轮上。同日 21 时许，当该轮驶至灌河口附近时，被公安边防部门查获。经查，整船香烟无合法进口证明，经海关核定，此次走私香烟偷逃应缴税额人民币 2 565 万余元。

案发后，蔡某等 5 人被抓获，分别被法院以走私普通货物罪判处死刑及五到十年有期徒刑、没收违法所得并处罚金。徐某畏罪潜逃，于 2011 年 11 月 18 日被抓获，2012 年 3 月 11 日，法院一审判处徐某犯走私普通货物罪，判处有期徒刑十四年，并处罚金人民币 2 570 万元。

一、关键点分析

（一）特殊水域偷运禁、限货物、物品以走私论处

我国《刑法》规定，在内海、领海、界河、界湖运输、收购、贩卖国家禁止进出口物品的，或者运输、收购、贩卖国家限制进出口货物、物品，数额较大，没有合法证明的，以走私罪论处。这是法律对间接走私的规定，走私的区域为内海、领海等特殊区域，走私的物品是国家禁止进出口物品或者国家限制进出口的货物、物品。

内海是指领海基线向陆一侧的全部海水，包括：海湾、海峡、河口湾，领海基线与海岸之间的海域，被陆地所包围或通过狭窄水道连接海洋的海域。《中华人民共和国领海及毗连区法》第二条第三款规定："中华人民共和国领海基线向陆一侧的水域为中华人民共和国的内水。"据此，我国的内海海域包括直线基线与海岸之间的海域，直线划入的领

湾、领峡、港口、河口湾等。领海是沿海国主权管辖下与其海岸或内水相邻的一定宽度的海域，是国家领土的组成部分。中国大陆及其沿海岛屿的领海以连接大陆岸上和沿海岸外缘岛屿上各基点之间的各直线为基线，从基线向外延伸12海里的水域是中国的领海。界河、界湖则是我国与外国之间、我国内地与港澳之间分界的河流或者湖泊。

因此，在上述特殊水域查获的走私船只即使未靠岸，但如果其运输、收购、贩卖的是国家禁止进出口物品或限制进出口无合法证明的货物、物品，也以走私论处。

（二）私货的性质决定走私的罪名

根据法律规定，对于在内海、领海等特殊水域运输、收购、贩卖国家禁止进出口物品或限制进出口无合法证明的货物、物品的，应当按照走私货物、物品的性质和种类，确定具体罪名，进行定罪处罚。本案中，蔡某等人在我国内海区域运输、收购的走私香烟，依照《中华人民共和国限制进出境物品表》规定，属于国家限制进境物品，国家对其实行专卖。进口香烟依法必须由专门的经营单位向海关申报，提交进口许可证件并且需缴纳进口环节税款。但在货物性质上，香烟仍然属于普通货物。因此，本案中行为人的具体罪名均是走私普通货物罪。

如果行为人在特殊水域运输、收购、贩卖国家禁止进出口物品，如武器弹药、毒品、文物等，则走私的具体罪名应该分别是走私武器、弹药罪，走私毒品罪，走私文物罪。总之，涉及的具体罪名是按照走私的具体对象来划分，如果涉及多个对象则按照对应的罪名实行数罪并罚。这是因为运输人、收购人、贩卖人对船舶所载私货的性质一般十分清楚明了，对行为的后果均有明确的判断，所以，依据运输工具所载私货性质确定罪名是较为客观公正的。

按照法律规定，对于此类实施海上走私犯罪行为的运输人、收购人或者贩卖人应当追究刑事责任。对运输人，一般追究运输工具的负责人或者主要责任人的刑事责任,但对于事先通谋的、集资走私的,或者使用特殊的走私运输工具从事走私犯罪活动的,也可以追究其他参与人员的刑事责任。

上述走私犯罪集团利用改装的货轮,在我国领海内偷运、收购走私国家限制进境的香烟,数额巨大,偷逃国家巨额税款,情节特别严重,构成走私普通货物罪。

(三) 边界特殊区域购买敏感商品必须特别谨慎

除了在内海、领海这些海上区域运输、收购、贩卖货物、物品可能会构成间接走私,在边界界河、界湖这些特殊区域收购、贩卖国家禁止进出口物品或限制进出口无合法证明的货物、物品,数额较大,也会构成走私行为或走私犯罪。

这种情况也不少见。比如公民在我国边境地区旅游时,特别在界河、界湖等这些特殊区域观光时,游客们时常会遇到邻国或边民小贩兜售旅游纪念品,如果其中涉及的是属于我国禁止进境物品,如武器弹药(含仿真武器)、伪造货币,对我国政治、经济、文化、道德有害的印刷品、电子光盘产品等,或者是其他我国限制进境物品,比如象牙等濒危、珍贵动物制品的,一定要保持清醒头脑,切勿购买入境,否则可能因为违反法律规定而稀里糊涂地落上走私罪名而受到法律惩处。

(四) 犯罪集团的首要分子对集团全部罪行承担责任

犯罪集团是指三人以上为共同实施犯罪而组成的较为固定的犯罪组织。本案中,徐某、蔡某等六人以股份形式组成走私集团,并租建专用码头,雇佣民工,购买货轮专门从事海上偷运香烟走私活动,应认定为犯罪集团。蔡某、徐某在集团的具体分工,出资及股份占有、利益分配等过程中起组织、策划、指挥作用,应认定为走私犯罪集团的首要分子,即使其未参与到海上走私的具体行为中,也应对集团所犯的全部罪行承担责任。

二、法规链接

(一)《刑法》相关条款

第二十六条　组织、领导犯罪集团进行犯罪活动的或者在共同犯罪中起主要作用的,是主犯。三人以上为共同实施犯罪而组成的较为固定的犯罪组织,是犯罪集团。对组织、领导犯罪集团的首要分子,按照集团所犯的全部罪行处罚。对于第三款规定以外的主犯,应当按照其所参与的或者组织、指挥的全部犯罪处罚。

第二十七条　在共同犯罪中起次要或者辅助作用的,是从犯。对于从犯,应当从轻、减轻处罚或者免除处罚。

第九十七条　本法所称首要分子,是指在犯罪集团或者聚众犯罪中起组织、策划、指挥作用的犯罪分子。

(二)《最高人民法院关于审理走私刑事案件具体应用法律若干问题的解释》(法释〔2000〕30号)相关条款

第八条　刑法第一百五十五条规定的"直接向走私人非法收购走私进口的其他货物、物品,数额较大的",是指明知是走私行为人而向其非法收购走私进口的其他货物、物品,应缴税额为五万元以上的。

直接向走私人非法收购国家禁止进口物品的,或者在内海、领海运输、收购、贩卖国家禁止进出口物品的,应当按照走私物品的种类,分别适用刑法第一百五十一条、第一百五十二条、第三百四十七条的规定定罪处罚。

直接向走私人非法收购走私进口的国家非禁止进口货物、物品,数额较大的,或者在内海、领海运输、收购、贩卖国家限制进出口货物、物品,数额较大,没有合法证明的,应当适用刑法第一百五十三条的规定定罪处罚。

刑法第一百五十五条第二项规定的"内海",包括内河的入海口水域。

(三)《中华人民共和国烟草专卖法》相关条款

第四十条 走私烟草专卖品,构成走私罪的,依照关于惩治走私罪的补充规定追究刑事责任;走私烟草专卖品,数额不大,不构成走私罪的,由海关没收走私货物、物品和违法所得,可以并处罚款。

烟草专卖行政主管部门和烟草公司工作人员利用职务上的便利犯前款罪的,依法从重处罚。

(四)《关于严厉打击卷烟走私整顿卷烟市场的通告》(2000年2月12日国务院批准,2000年2月18日国家烟草专卖局、公安部、海关总署、国家工商行政管理局发布)

为维护国家和消费者利益,进一步严厉打击卷烟走私的违法犯罪活动,整顿卷烟市场,保护民族卷烟工业和经营者的合法权益,特通告如下:

一、企业、事业单位和机关、团体以及个人走私卷烟或非法收购、运输、邮寄、贩卖、窝藏走私卷烟和其他非正常渠道流入市场的进口卷烟的,由海关、公安、工商行政管理和烟草专卖行政主管部门依法在其职责范围内进行处理;构成犯罪的,移交司法机关依法追究刑事责任。

二、凡正常进口的卷烟必须在箱包、条包和盒包上印有"由中国烟草总公司专卖"字样;免税店经营的卷烟必须有"中国关税未付"和国务院烟草专卖行政主管部门规定的专门标识;处理没收的非法进口卷烟在销售前,必须有烟草专卖行政主管部门在箱包和条包上加贴由国家烟草专卖局制定的"没收非法进口卷烟"专门标识。无上述标志的外国卷烟、出口倒流国产卷烟,由海关、公安、工商行政管理和烟草专卖行政主管部门予以没收。

三、在境内跨省（自治区、直辖市）运输进口卷烟（含处理没收的走私卷烟），必须持有国家烟草专卖行政主管部门开具的准运证；省（自治区、直辖市）内运输，必须持有省级烟草专卖行政主管部门开具的准运证。海关监管卷烟的转关运输，必须持有海关出具的转关运输单证。铁路、交通、民航等部门承运的进口卷烟及邮政部门邮寄超过规定数量的进口卷烟，必须验凭烟草专卖行政主管部门开具的准运证。无准运证或无转关运输单证运输进口卷烟、无准运证超量邮寄进口卷烟的，由有关执法部门予以没收，并处以罚款，其主管部门应视情节按有关规定给予严肃处理。

四、经营合法进口卷烟、免税烟的单位，必须持有烟草专卖行政主管部门核发的特种烟草专卖经营企业许可证；经营执法部门处理没收的走私卷烟的单位，其特种烟草专卖经营企业许可证所列经营品种范围必须包括处理没收非法进口卷烟。各经营单位要按规定渠道进货。无许可证擅自经营进口卷烟、免税烟的，由烟草专卖行政主管部门依法没收其违法所得；无许可证或超过许可证规定范围经营没收非法进口卷烟的，由工商行政管理和烟草专卖行政主管部门没收其经营的非法进口卷烟。情节严重的，工商行政管理部门可依法吊销其营业执照。

五、企业、事业单位和机关、团体以及个人为走私、贩私活动提供藏匿、运输和邮寄等便利条件构成犯罪的，移送司法机关追究刑事责任；不构成犯罪的，由海关、公安、工商行政管理和烟草专卖行政主管部门依法给予处罚。

六、各执法部门没收的非法进口卷烟，按照国家有关规定进行拍卖的，应定向拍卖给持有国家烟草专卖局核发的、经营品种包括处理没收非法进口卷烟的特种烟草专卖经营企业许可证的单位。其中批发企业只能将没收非法进口卷烟销售给有零售经营权的企业。凡违反上述规定的，由工商行政管理和烟草专卖行政主管部门没收其货物。情节严重的，可取消其经营资格。

七、清理整顿卷烟交易市场，对已成为非法进口卷烟集散地和销售场所的市场要坚决予以取缔。

八、对检举揭发、协助查缉走私、贩私有功的单位和个人，按有关规定给予奖励。凡使用暴力或威胁方式抗拒或围攻执法人员查缉走私、检查市场的，视情节轻重，依法追究其刑事责任，或依照《中华人民共和国治安管理处罚条例》的规定处罚。

九、本通告自发布之日起执行。1994年10月16日国务院批准，国家烟草专卖局、公安部、国家工商行政管理局、海关总署发布的《关于严厉打击卷烟走私整顿卷烟市场的通告》同时废止。

第二节 减免税相关案例

减免税是国家为调整产业结构，鼓励相关产业发展制定的对于特定地区、特定用途的进口商品实行减免部分或全部关税（或包括代征税）的政策。减免税商品最重要的特征就是特定地区、特定企业或者特定用途，部分具备减免税资质的不法企业为谋取利润，未经海关批准擅自将减免税设备移作他用，造成违规甚至违法。

案例一

减免税货物挪作他用

2004年8至11月，当事人扬州某公司分别持"进出口货物征免税证明"从上海外港海关申报免税进口2辆五十铃37米混凝土泵车，12辆五十铃混凝土搅拌车和1辆五十铃43米混凝土泵车，申报价格分别是 60 000 000 日元、96 000 000 日元和 39 000 000 日元。车辆进口后，因场地建设尚未到位、施工资质证书也未领取等原因，且因当事人和苏州某公司、无锡某公司和常州某公司都为新加坡某公司在江苏省投资设立的外资企业，属同一集团公司，故当事人径自决定将上述设备存放在常州公司、无锡公司和苏州公司并使用。2005 年 6 月，当事人申领到从事预拌商品混凝土专业承包 3 级资质证书后，于 9 月起将上述免税进口车辆陆续全部收回并投入本公司正式生产经营中。

经海关核定，上述免税工程车辆在当事人交给其他关联公司使用时价值共计人民币 19 415 754 元。2006 年 2 月，海关认定当事人未经海关许可，将特定免税进口的货物交由他人使用，构成擅自将海关监管货物移作他用违规，对其作出罚款人民币 90 万元的行政处罚。

一、关键点分析

1. 特定减免税进口货物/设备只能用于特定地区、特定企业或者特定用途，且只能由减免税申请人自己持有并按照申请的用途使用，关联企业、母子公司、协作单位均不能使用。

2. 需要移作他用的，减免税申请人应当事先向主管海关提出申请。经海关批准，可以按照海关批准的使用地区、用途、企业将减免税货物移作他用。

3. 所谓"移作他用"包括：

（1）将减免税货物交给减免税申请人以外的其他单位使用。

（2）未按照原定用途、地区使用减免税货物。

（3）未按照特定地区、特定企业或者特定用途使用减免税货物的其他情形。

4. 除海关总署另有规定外，将减免税货物移作他用的，减免税申请人还应当按照移作他用的时间补缴相应税款；移作他用时间不能确定的，应当提交相应的税款担保，且税款担保不得低于减免税货物剩余监管年限应补缴税款总额。

二、法规链接

(一)《海关法》相关条款

第五十七条 特定地区、特定企业或者有特定用途的进出口货物,可以减征或者免征关税。减征或者免征关税进口的货物,只能用于特定地区、特定企业或者特定用途,未经海关核准并补缴关税,不得移作他用。

第八十六条 违反本法规定有下列行为之一的,可以处以罚款,有违法所得的,没收违法所得:

……

(十)未经海关许可,擅自将海关监管货物开拆、提取、交付、发运、调换、改装、抵押、质押、留置、转让、更换标记、移作他用或者进行其他处置的。

(二)《中华人民共和国海关行政处罚实施条例》相关条款

第五条 依照本实施条例处以警告、罚款等行政处罚,但不没收进出境货物、物品、运输工具的,不免除有关当事人依法缴纳税款、提交进出口许可证件,办理有关海关手续的义务。

第十八条 有下列行为之一的,处货物价值5%以上30%以下罚款,有违法所得的,没收违法所得:

(一)未经海关许可,擅自将海关监管货物开拆、提取、交付、发运、调换、改装、抵押、质押、留置、转让、更换标记、移作他用或者进行其他处置的;

……

第六十四条 货物价值,指进出口货物的完税价格、关税、进口环节海关代征税之和。

(三)《中华人民共和国进出口关税条例》相关条款

第四十九条 需由海关监管使用的减免税进口货物,在监管年限内转让或者移作他用需要补税的,海关应当根据该货物进口时间折旧估价,补征进口关税。

三、案例启示

1. 特定减免税货物擅自移作他用的涉案货物价值应为"违法行为发生时的完税价格(折旧)和至监管期结束时止对应的关税、海关代征税之和"。其具体计算为(其中价格以人民币计):

(1) 完税价格 = 海关审定的货物原进口时的价格 $\times \left(1 - \dfrac{\text{减免税货物已进口时间}}{\text{监管年限} \times 12}\right)$。

(2) 补缴税款 = 海关审定的货物原进口时的价格 $\times$ 税率 $\times \dfrac{\text{需补缴税款时间}}{\text{监管年限} \times 12 \times 30}$。

2. 特定减免税进口设备擅自移作他用有下列情形之一的,移作他用期间的税款可以不予补缴:

(1) 设备的使用人符合享受同等减免税优惠政策条件的,但当事人必须在海关立案之日起三个月内提供项目审批部门或海关开具的能够证明设备使用人可以享受同等减免税优惠政策的批准性文件(如"项目确认书"、"征免税证明"等)。

(2) 国家鼓励投资的施工项目下进口的特定减免税设备,按规定完成了工程项目但设备仍在海关监管期限内,项目单位将其用于本单位其他项目工程建设的。

(3) 特定减免税申请人按规定正常使用的同时也为其他单位加工

或生产的。

（4）未经海关许可，项目单位将设备外发由其他单位使用但专门为本单位加工或生产，并符合特定用途的。

（5）科教用品项目（401）下进口的减免税设备放在工作上有隶属或协作关系的科研教学成果转化联营单位使用或共同使用，但其所有权没有发生转移的。

（6）其他法律、行政法规和规章规定可以不予补缴税款的情形。

案例二

减免税货物擅自变卖案

2008年5月13日，某光伏材料有限公司向海关申报免税进口日本产MWM442DM多线切割机2台，成交价格为7 500万日元，设备进口后投入本公司生产。

2009年后，该公司经营出现严重亏损，其法定代表人曹某计划不再经营公司。为了偿还公司债务，曹某在明知上述2台日本产多线切割机是海关监管的特定免税设备，未经海关许可并且未补缴应缴税额不得擅自出售的情况下，于2010年4月将上述2台免税多线切割机设备连同配套设施以人民币340万元的不含税、不开票的价格卖给江苏省A公司，并签署"买卖协议书"。与此同时，为应付海关检查，掩盖真实买卖交易，曹某还亲自拟定"战略合作协议"，由双方签字确认，制造"设备合作"的假象。A公司支付货款后，将2台免税设备拆卸搬运至本公司安装使用，后被海关缉私部门查获并依法扣押。

经海关关税部门计核，上述2台日本产MWM442DM多线切割机价值人民币4 084 952.63元，曹某公司偷逃税款人民币593 540.13元。

2011年12月，法院认定曹某公司犯走私普通货物罪，判处罚金人民币60万元；被告人曹某犯走私普通货物罪，因具有法定减轻情节免予刑事处罚；扣押的2台免税进口的多线切割机予以没收。

一、关键点分析

本案中，当事公司主要因为经营出现严重亏损，为了偿还公司债务，擅自销售2台免税进口设备，价格也是当时市场价格，并无多少获利。但是，因为该公司明知免税进口设备是海关监管货物，且未经海关许可并补缴进口税款，该公司擅自销售减免税设备的行为导致偷逃的应缴税额达到《刑法》规定的起刑点，故需要追究其相应刑事责任，而获利多少、有无获利并不是定罪的关键。

二、法规链接

（一）《海关法》相关条款

第五十七条　特定地区、特定企业或者有特定用途的进出口货物，可以减征或者免征关税。特定减税或者免税的范围和办法由国务院规定。

依照前款规定减征或者免征关税进口的货物，只能用于特定地区、特定企业或者特定用途，未经海关核准并补缴关税，不得移作他用。

（二）《刑法》相关条款

第一百五十四条　下列走私行为，根据本节规定构成犯罪的，依照本法第一百五十三条的规定定罪处罚：

（一）未经海关许可并且未补缴应缴税额，擅自将批准进口的来料加工、来件装配、补偿贸易的原材料、零件、制成品、设备等保税货物，在境内销售牟利的；

（二）未经海关许可并且未补缴应缴税额，擅自将特定减税、免税

进口的货物、物品,在境内销售牟利的;

……

《刑法》第一百五十四条第(一)、(二)项规定的"销售牟利",是指行为人主观上为了牟取非法利益而擅自销售海关监管的保税货物、特定减免税货物。该种行为是否构成犯罪,应当根据偷逃的应缴税额是否达到刑法第一百五十三条及相关司法解释规定的数额标准予以认定。实际获利与否或者获利多少并不影响其定罪。

(三)《最高人民法院 最高人民检察院 海关总署关于印发〈办理走私刑事案件适用法律若干问题的意见〉的通知》(法〔2002〕139号)

(四)《中华人民共和国海关进出口货物征税管理办法》(海关总署令第124号)相关条款

第七十二条 纳税义务人进出口减免税货物,应当在货物进出口前,按照规定持有关文件向海关办理减免税审批手续。下列减免税进出口货物无需办理减免税审批手续:

(一)关税、进口环节增值税或者消费税税额在人民币50元以下的一票货物;

(二)无商业价值的广告品和货样;

(三)在海关放行前遭受损坏或者损失的货物;

(四)进出境运输工具装载的途中必需的燃料、物料和饮食用品;

(五)其他无需办理减免税审批手续的减征或者免征税款的货物。

第七十三条 对于本办法第七十二条第(三)项所列货物,纳税义务人应当在申报时或者自海关放行货物之日起15日内书面向海关说明情况,提供相关证明材料。海关认为需要时,可以要求纳税义务人提供具有资质的商品检验机构出具的货物受损程度的检验证明书。海关根据实际受损程度予以减征或者免征税款。

第七十四条 除另有规定外,纳税义务人应当向其主管海关申请办理减免税审批手续。海关按照有关规定予以审核,并签发"征免税证明"。

第七十五条 特定地区、特定企业或者有特定用途的特定减免税进口货物,应当接受海关监管。

特定减免税进口货物的监管年限为:

(一)船舶、飞机:8年;

(二)机动车辆:6年;

(三)其他货物:5年。

监管年限自货物进口放行之日起计算。

第七十六条 在特定减免税进口货物的监管年限内,纳税义务人应当自减免税货物放行之日起每年一次向主管海关报告减免税货物的状况;除经海关批准转让给其他享受同等税收优惠待遇的项目单位外,纳税义务人在补缴税款并办理解除监管手续后,方可转让或者进行其他处置。

特定减免税进口货物监管年限届满时,自动解除海关监管。纳税义务人需要解除监管证明的,可以自监管年限届满之日起1年内,持有关单证向海关申请领取解除监管证明。海关应当自接到纳税义务人的申请之日起20日内核实情况,并填发解除监管证明。

▼ 案例三

使用虚假文件办理减免税

2003年年初,江苏A公司为道路施工需要,决定购买3台德国产ABG423型沥青路面摊铺机。在供货商H公司、进口代理商T公司言明只有摊铺宽度为13米以上的沥青摊铺机才可以办理进口免税手续的情况下,经A公司法定代表人李某决定,该公司于2003年4月8日与H公司、T公司签订虚假的3台ABG423-13M型多功能沥青摊铺机买卖合同和委托代理进口协议,并于次日与H公司签订补充协议,确认实际购买摊铺宽度为 12 米的沥青摊铺机。在李某的安排下，顺发公司持上述虚假合同向 N 市经济贸易委员会、江苏省经济贸易委员会、主管地海关分别申请了"自动进口许可证"、"国家鼓励发展的内外资项目确认书"、"进出口货物征免税证明"，非法获取了相关免税进口文件。同年 5 月 9 日，A 公司委托 T 公司持骗领的免税证明向海关申报，免税进口了 3 台摊铺宽度为 12 米的摊铺机，偷逃税款计人民币 272 万余元。该案不久即被海关缉私警察查获。

2006 年，法院经审理认定：A 公司犯走私普通货物罪，判处罚金 350 万元；李某犯走私普通货物罪，判处有期徒刑三年六个月，并将其违法所得予以追缴。

一、关键点分析

特定减免税货物是海关根据国家政策规定用于特定地区、特定企业或者有特定用途而准予减税、免税进口的货物，其范围和办法由国务院规定。《海关法》规定，特定减免税进口的货物，只能用于特定地区、特定企业或者特定用途，未经海关核准并补缴关税，不得移作他用。同时，国务院相关政策对于特定减免税货物的申请、审批范围和条件都作了严格明确的规定。如现实中，最为常见的特定减免税进口货物，其用途要符合《外商投资产业指导目录》（针对外资企业）或《当前国家重点鼓励发展的产业、产品和技术目录》（针对内资企业）中的鼓励政策，用于上述两个目录中的鼓励类项目。同时进口的设备又必须未被列入《国内投资项目不予免税的进口商品目录》和《外商投资项目不予免税的进口商品目录》项下，在向有关部门提交审批获取项目确认书，再办理完相应的海关审批手续后，才能减免税进口。本案中，摊铺宽度 12 米的沥青摊铺机就是因为摊铺宽度不够而被列入有关不予免税进口商品目录范围，按照国家有关政策明令不可以免税进口。

二、法规链接

(一)《中华人民共和国进出口关税条例》相关条款

第四十六条　特定地区、特定企业或者有特定用途的进出口货物减征或者免征关税,以及临时减征或者免征关税,按照国务院的有关规定执行。

第四十七条　进口货物减征或者免征进口环节海关代征税,按照有关法律、行政法规的规定执行。

第四十八条　纳税义务人进出口减免税货物的,除另有规定外,应当在进出口该货物之前,按照规定持有关文件向海关办理减免税审批手续。经海关审查符合规定的,予以减征或者免征关税。

第四十九条　需由海关监管使用的减免税进口货物,在监管年限内转让或者移作他用需要补税的,海关应当根据该货物进口时间折旧估价,补征进口关税。

特定减免税进口货物的监管年限由海关总署规定。

(二)《最高人民法院　最高人民检察院　海关总署关于印发〈办理走私刑事案件适用法律若干问题的意见〉的通知》(法〔2002〕139号)相关条款

十八、关于单位走私犯罪及其直接负责的主管人员和直接责任人员的认定问题

具备下列特征的,可以认定为单位走私犯罪:(1)以单位的名义实施走私犯罪,即由单位集体研究决定,或者由单位的负责人或者被授权的其他人员决定、同意;(2)为单位谋取不正当利益或者违法所得大部分归单位所有。

依照《最高人民法院关于审理单位犯罪案件具体应用法律有关问题的解释》第二条的规定,个人为进行违法犯罪活动而设立的公司、

企业、事业单位实施犯罪的，或者个人设立公司、企业、事业单位后，以实施犯罪为主要活动的，不以单位犯罪论处。单位是否以实施犯罪为主要活动，应根据单位实施走私行为的次数、频度、持续时间、单位进行合法经营的状况等因素综合考虑认定。

根据单位人员在单位走私犯罪活动中所发挥的不同作用，对其直接负责的主管人员和其他直接责任人员，可以确定为一人或者数人。对于受单位领导指派而积极参与实施走私犯罪行为的人员，如果其行为在走私犯罪的主要环节起重要作用的，可以认定为单位犯罪的直接责任人员。

二十三、关于走私货物、物品、走私违法所得以及走私犯罪工具的处理问题在办理走私犯罪案件过程中，对发现的走私货物、物品、走私违法所得以及属于走私犯罪分子所有的犯罪工具，走私犯罪侦查机关应当及时追缴，依法予以查扣、冻结。在移送审查起诉时应当将扣押物品文件清单、冻结存款证明文件等材料随案移送，对于扣押的危险品或者鲜活、易腐、易失效、易贬值等不宜长期保存的货物、物品，已经依法先行变卖、拍卖的，应当随案移送变卖、拍卖物品清单以及原物的照片或者录像资料；人民检察院在提起公诉时应当将上述扣押物品文件清单、冻结存款证明和变卖、拍卖物品清单一并移送；人民法院在判决走私罪案件时，应当对随案清单、证明文件中载明的款、物审查确认并依法判决予以追缴、没收；海关根据人民法院的判决和海关法的有关规定予以处理，上缴中央国库。

三、案例启示

（一）弄虚作假骗免税，铤而走险付代价

关税是国家财政收入的重要来源，准许进出口的货物、进出境物品，由海关依法征收关税。因此，依法征收关税是海关的一项重要职责。进口货物的收货人、出口货物的发货人、进出境物品的所有人，是

关税的纳税义务人。进出口货物的收发货人、进出境物品的所有人应当向海关如实申报，交验进出口许可证件和有关单证。对于应税货物，纳税义务人有依法缴纳税款的义务。

但是，现实生活中，往往有人为牟取非法利益，免交进口税款，进口货物时在特定减免税上大做文章，不惜铤而走险，以欺骗的手段获取有关主管部门立项审批和海关减免税审批，从而达到偷逃税款的目的。本案中，A 公司正常进口宽度为 12 米的沥青摊铺机，依法不能享受减免税优惠，然而，该公司为了免交进口环节税，制作虚假资料，伪报沥青摊铺机的技术规格，使原本不符合减免税优惠政策的货物"达到"了减免税的标准，偷逃本应缴纳的 272 万元税款，A 公司构成了走私犯罪，受到了法律严惩，代价是沉重的。

（二）违法所得须追缴，"偷鸡不成蚀把米"

不让任何人从违法犯罪活动中得利，这是各国刑法惩治犯罪行为的通例。犯罪分子一旦被抓获归案，除了要被依法判处刑罚、科处罚金之外，其所获得的违法所得也会全部被追缴。具体到走私犯罪而言，其违法所得应当予以没收。对于走私货物、物品因流入国内市场、投入使用或者其他原因，致使走私货物、物品无法扣押或者不便扣押的，要按照走私货物、物品的进出口完税价格来认定违法所得，并予以追缴。如果犯罪分子销售走私货物、物品的价格高于进出口完税价格的，则按照实际销售价格认定违法所得予以追缴。据此，法院对本案违法所得判决予以追缴。总而言之，走私犯罪分子的一切非法获利都会被剥夺，绝不可能从中受益。

运输工具篇

第一章　进出境运输工具

进出境运输工具是指用于载运人员、货物、物品进出境的各种船舶、航空器、铁路列车、公路车辆和驮畜。本章通过剖析海关近期查处的典型案例，帮助读者加深了解海关对进出境国际航行船舶、来往港澳小型船舶、进出境民用航空器、进出境铁路列车以及来往港澳公路货运车辆等监管要求。

第一节　进出境国际航行船舶

进出境国际航行船舶是指进出我国关境在国际间运营的境内船舶和境外船舶。国际航行船舶应当通过设立海关的地点进境或者出境，在海关监管场所停靠、装卸货物、物品和上下人员。本节的几个案例主要反映了国际航行船舶在进出港及在港管理、上下货物管理、上下物料管理、人员物品管理等方面出现的各种问题。

国际航行船舶擅自驶离案

2009年2月，文森特籍国际航行船舶"某某26号"轮抵达南通进行船舶修理，该船舶负责人委托某船舶代理有限公司向南通海关办理了船舶进境申报手续。2009年6月初该轮修理完毕，船舶负责人计划于6月11日试航并将该情况告知了其委托的船舶代理公司，船舶代理公司也准备于6月11日向海关办理有关手续。6月10日晚，船舶负责人发现长江水位因潮水开始下降，预计6月11日外出试航的时候部分航段可能水深不够，无法通航。而该船舶的船期安排较紧，如不能准时试航将会影响船期，造成较大损失，于是船舶负责人临时决定提前开航，在6月10日晚驶离船厂的修理码头。6月11日，海关巡查关员在查看监控时发现应当停靠在该船厂修理码头的"某某26号"轮不见了，调阅录像发现该船舶已经于6月10日晚驶离。海关巡查关员随即询问船舶代理公司，得知该船舶当时已经到达长江口外的某海域。该船舶在未经海关同意、未办结海关手续的情况下擅自驶离，造成国际航行船舶脱离海关监管的不良后果。上述违法行为被海关发现后，该船舶被要求补办相应手续，并处以4万元人民币的罚款。

一、关键点分析

1. 进出境运输工具到达或者驶离设立海关的地点时，进出境运输工具负责人应当采用电子数据和纸质申报单形式向海关申报。

2. 国际航行船舶进境以后向海关申报以前，出境国际航行船舶在办结海关手续以后出境以前，应当按照交通运输主管机关规定的路线行进。交通运输主管机关没有规定的，由海关指定。国际航行船舶在进境申报以后出境以前，应当按照海关认可的路线行进。国际航行船舶到达或者驶离设立海关的地点时，应当用电子数据和纸质申报单形式向海关申报。

3. 船舶负责人应当在船舶驶离设立海关地点的2小时以前将驶离时间通知海关。对临时追加的船舶，运输工具负责人应当在船舶驶离设立海关的地点以前将驶离时间通知海关。

二、法规链接

(一)《海关法》相关条款

第十四条　进出境运输工具到达或者驶离设立海关的地点时,运输工具负责人应当向海关如实申报,交验单证,并接受海关监管和检查。

停留在设立海关的地点的进出境运输工具,未经海关同意,不得擅自驶离。

进出境运输工具从一个设立海关的地点驶往另一个设立海关的地点的,应当符合海关监管要求,办理海关手续,未办结海关手续的,不得改驶境外。

第十六条　进出境船舶、火车、航空器到达和驶离时间、停留地点、停留期间更换地点以及装卸货物、物品时间,运输工具负责人或者有关交通运输部门应当事先通知海关。

第八十六条　违反本法规定有下列行为之一的,可以处以罚款,有违法所得的,没收违法所得:

……

(六)在设立海关的地点停留的进出境运输工具未经海关同意,擅自驶离的;

……

(二)《中华人民共和国海关进出境运输工具监管办法》相关条款

第六条　进出境运输工具到达或者驶离设立海关的地点时,进出境运输工具负责人应当采用电子数据和纸质申报单形式向海关申报。

第二十条　进出境运输工具在境内从一个设立海关的地点驶往另一个设立海关的地点的,进出境运输工具负责人应当按照本章第四节的有关规定办理驶离手续。

第二十一条　进出境运输工具在境内从一个设立海关的地点驶往另一个设立海关的地点的，应当符合海关监管要求，驶离地海关应当制发关封。进出境运输工具负责人应当妥善保管关封，抵达另一设立海关的地点时提交目的地海关。

未经驶离地海关同意，进出境运输工具不得改驶其他目的地；未办结海关手续的，不得改驶境外。

第二十二条　进出境运输工具在境内从一个设立海关的地点驶往另一个设立海关的地点时，海关可以派员随运输工具实施监管，进出境运输工具负责人应当为海关人员提供方便。

第二十七条　出境运输工具驶离海关监管场所时，监管场所经营人应当通知海关。

（三）《中华人民共和国海关行政处罚实施条例》相关条款

第二十一条　有下列行为之一的，予以警告，可以处10万元以下罚款，有违法所得的，没收违法所得：

......

（二）在海关监管区停留的进出境运输工具，未经海关同意擅自驶离的；

......

三、案例启示

1. 船舶移动应申报。国际航行船舶在境内停留期间发生的位移均需要向海关申报并得到海关允许才能进行。按照海关有关法律的规定，停留在设立海关的地点的进出境运输工具，在没有经过海关同意前，不能够擅自驶离该设立海关的地点。进出境运输工具的负责人可以采用电子数据和纸质申报单形式向海关申报，在经过海关同意后才可以驶离。进出境运输工具在海关监管场所停靠期间如果需要更换停靠地点，比如移泊等，进出境运输工具的负责人应当事先将有关情况通知海关，在得到海关同意后才能进行。

2. 同一航次可跨关区。在我国关境内，进出境运输工具可以从一个设立海关的地点驶往另一个设立海关的地点，比如从南通港到扬州港，或者从上海港到江阴港等这些都是允许的，前提是该运输工具符合海关的监管要求。在进行这种跨关区的移动时，驶离地海关会将驶离船舶有关情况制发海关关封，进出境运输工具负责人需要妥善保管驶离地海关制发的关封，并且在抵达另一设立海关的地点时提交给目的地海关。没有经驶离地海关同意，进出境运输工具不能够改驶其他目的地；没有办结海关手续的，不能够改驶到境外。

3. 申报时间要注意。办理海关手续还要注意时间。运输工具负责人需要在出境运输工具离开设立海关的地点驶往境外的 2 小时以前将驶离时间以电子数据形式通知海关。对临时出境的运输工具，运输工具负责人可以在其驶离设立海关的地点以前将驶离时间通知海关。如果在办结海关出境或者续驶手续后的 24 小时因为各种各样的原因没能够驶离的，运输工具负责人需要重新办理离境等有关手续。

4. 申报内容需真实。向海关申报的内容与运输工具的实际情况必须一致是海关申报的基本要求，本案中船舶负责人委托的船舶代理公司向海关申报的离境时间与其实际申报时间不同，也是确定船舶违规的重要事实依据。根据海关规定，进出境运输工具装卸货物、物品完毕后，进出境运输工具负责人应当向海关递交反映实际装卸情况的交接单据和记录。

5. 违规受罚得不偿失。本案中船舶负责人为了避免航期受影响而导致经济损失，所以违反了海关规定，最终导致不仅没能避免损失反而被海关处罚，正所谓得不偿失。根据海关的规定，在海关监管区停留的进出境运输工具在未经海关同意的情况下擅自驶离的，要予以警告，并且可以处人民币 10 万元以下罚款，如果因此有违法所得的还要没收违法所得。

6. 一切责任由运输工具负责人承担。本案中船舶代理公司在船舶公司的授权范围内向海关进行了申报，海关亦只认可船舶代理公司向海关申报的内容。根据规定，对于此类违规行为，海关处罚的当事人为进出境运输工具本身而不是其所属的单位（公司）或者所有人。另外如果委托船舶代理公司代为办理有关手续的，即使是由于船代的工作失误或者疏忽而产生的法律后果也由进出境运输工具负责人承担。

案例二

国际航行船舶擅自下货案

2012年3月，国际航行船舶"某某财富"轮驶入南通，由于其拟靠泊的狼山港码头泊位繁忙，该船舶在南通狼山锚地锚泊等待。等待期间，该船舶发现之前安装在船上用于防范海盗的铁丝网已经锈蚀无用，便进行了拆卸更换，并将旧安全网弃于废物舱内。此时一艘在长江游弋的货郎船靠近该船舶向该船舶兜售饮料、食品等日常生活用品，并表示可以用船上的燃油或者废品等进行交换。该船舶部分船员想到刚刚拆下的已经锈蚀的安全网，便询问能否用船上拆下的旧铁丝网交换，经和货郎船讨价还价，该船舶船员将船上约200公斤的旧安全网从废物舱卸至该货郎船，换取了饮料等生活物资。此时，海关巡逻船舶发现了靠泊在国际航行船舶船边的货郎船并在国际航行船舶卸下旧铁丝网时当场将其抓获。经询问，该船舶船员表示并不知道中国对于国际航行船舶的有关规定，以为船上卸下的废物本来是没有利用价值的，处理起来费事又费钱，现在有人要，就当作废物利用与货郎船交换了。该船舶船长也没有就此事向该船舶在南通所在的船舶代理公司提出询问或申请，更没有向海关申报办理相关手续。海关巡查关员将此案移交缉私部门处理，最终海关依法对该船舶予以警告，并处罚款2万元人民币。

一、关键点分析

1. 国际航行船舶上的货物上下需向海关申报，接受海关监管。根据海关规定，进境运输工具在向海关申报以前，未经海关同意，不得装卸货物、物品，除引航员、口岸检查机关工作人员外不得上下人员。运输工具装卸进出境货物、物品或者上下进出境旅客，应当接受海关监管。

2. 国际航行船舶添、卸物料需经海关核准。进出境国际航行船舶需要添加、起卸物料的，由船舶负责人编制清单向海关申报，并提交以下单证：

（1）中华人民共和国海关运输工具起卸/添加物料申报单；

（2）添加、起卸物料明细单；

（3）海关认为必要的其他单证。

3. 海关对国际航行船舶添加或调拨物料的管理与对废弃料的管理有区别。进出境国际航行船舶添加、起卸、调拨的物料，国际航行船舶负责人免予提交许可证件，海关予以免税放行；添加、起卸国家限制进出境或者涉及国计民生的物料超出自用合理数量范围的，应当按照进出口货物的有关规定办理海关手续。

二、法规链接

（一）《海关法》相关条款

第十七条　运输工具装卸进出境货物、物品或者上下进出境旅客，应当接受海关监管。

货物、物品装卸完毕，运输工具负责人应当向海关递交反映实际装卸情况的交接单据和记录。

上下进出境运输工具的人员携带物品的，应当向海关如实申报，并接受海关检查。

(二)《中华人民共和国海关进出境运输工具监管办法》相关条款

第四条 除经国务院或者国务院授权的机关批准外,进出境运输工具应当通过设立海关的地点进境或者出境,在海关监管场所停靠、装卸货物、物品和上下人员。

(三)《中华人民共和国海关行政处罚实施条例》相关条款

第二十二条 有下列行为之一的,予以警告,可以处 5 万元以下罚款,有违法所得的,没收违法所得:

(一)未经海关同意,进出境运输工具擅自装卸进出境货物、物品或者上下进出境旅客的;

……

三、案例启示

1. 人货上下需申报。国际航行船舶上的一切人员以及货物包括废品在内,在需要卸下船的时候都是需要向海关申报的,同时海关还可能对其进行必要的检查。根据海关规定,进境运输工具在向海关申报以前,未经海关同意,不得装卸货物、物品,除引航员、口岸检查机关工作人员外不得上下人员。运输工具装卸进出境货物、物品或者上下进出境旅客,应当接受海关监管。上下进出境运输工具的人员携带物品的,应当向海关如实申报,并接受海关检查。常见的误区是以为船上不用的废品或者不值几个钱的东西就可以随意下船,还有的是以为船员下船买点东西就回来可以不向海关申报,这些都是船舶负责人要注意避免的。

2. 上下地点有规定。本案中的锚地仅仅是作为船舶在泊位紧缺等情况下的停泊之地,不能够作为国际航行船舶上下货物的场所。根据海关规定,进出境运输工具应当通过设立海关的地点进境或者出境,在海关监管场所停靠、装卸货物、物品和上下人员。如果遭遇不可抗力的原因比如遇到台风，进出境运输工具被迫在未设立海关的地点或者在非海关监管场所停靠、降落或者抛掷、起卸货物、物品以及上下人员的，应当立即报告附近海关。

3. 申报时间有要求。本案中的当事人曾一度辩称准备向海关申报，是因为停靠在锚地导致上岸申报不方便才没能先申报后卸货。根据海关规定，进出境运输工具负责人应当在进出境运输工具装卸货物的 1 小时以前通知海关；航程或者路程不足 1 小时的，可以在装卸货物以前通知海关。因此，且不论该案当事人所述情况的真实性，即使当时有这个打算也是违反了海关的规定。

4. 出境装卸完毕要申请结案，结案后不得上下人、货。本案查处过程中有人提出，是不是在装卸完海关监管的进口货物离开海关监管场所后（仍在关境内），海关就不对国际航行船舶监管了，该船就可以卸下废弃的安全网了。这种观点是错误的，海关规定，出境运输工具负责人在货物、物品装载完毕或者旅客全部登机（船、车）以后，应当向海关提交结关申请。海关审核无误的，制发"结关通知书"。海关制发"结关通知书"以后，未经海关同意，出境运输工具不得装卸货物、上下旅客。

5. 违规受罚得不偿失。该船舶船员卸下的 200 公斤旧安全网并没能让该船舶船员换到多少生活用品，换来的是船期的耽搁以及海关的处罚。根据海关规定，进出境运输工具未经海关同意擅自装卸进出境货物、物品或者上下进出境旅客的，由海关予以警告并处以 5 万元以下的罚款；有违法所得的，没收其违法所得。上下进出境运输工具的人员携带物品违反规定的，由携带人员承担相应的法律责任。

6. 废弃物料处理有原则。正确的处理方式应当遵循一个处置原则、两种留置措施和一个补救方法。一个处置原则是指对于运输工具使用过的废弃物料应当复运出境；两种留置措施是指对属于《自动进口类可用作原料的废物目录》和《限制进口类可用作原料的废物目录》的按货物办理海关手续，对不属于上述两个目录范围的物料进行无害化处理；一个补救措施是指对于拟按照上述措施处置，但没有处置到位的，海关可以责令退运，按照《中华人民共和国海关进口货物直接退运管理办法》办理。

案例三

擅自开启烟酒库海关封志案

2008年12月20日，巴拿马籍某国际航行船舶进境后停泊在长江某内河港锚地，江阴海关对其进行了入境检查并根据规定对其烟酒库进行了加封处理。同年12月24日，该船向海关办理离境手续，海关又对其进行了离境检查，检查发现该船舶部分船员房间内存有超量的香烟，随即召集该船舶全部船员了解情况，得知这些超量香烟均来自该船舶的烟酒库。海关检查人员查看烟酒库发现，进境时海关加封在该船舶烟酒库的纸质封志已被人为损毁。船舶负责人向海关解释，由于之前海关加封时对烟酒需求量的估计不足，导致部分船员没有烟抽，又由于该船舶停靠锚地，所以没来得及向海关申报。海关监管人员将该案移交缉私部门处理，2009年1月，江阴海关认定该船舶擅自损毁海关封志的行为违规，对其予以警告，并科处罚款人民币1万元。

一、关键点分析

1. 海关封志是海关根据监管的需要对进出境运输工具、货物、物品及存放海关监管货物、物品或待处理货物、物品的场所以及运送的器具进行加封并注明具体海关称谓、编号及加封年、月、日的专用标志，其种类主要有：特种纸或其他材料制成的封条、铅封或其他金属制成的加封固定（如铁芯锁扣等）。海关封志是海关实施监管的专用工具和标志。未经允许，任何人不得擅自开启或者损毁。

2. 船舶每航次挂港期间，对于外留以及船员携带下船的烟酒数量，海关均有一定的数量限制。其余烟酒数量必须由船舶负责人在"船员自用和船舶备用烟、酒加封清单"上列明，向海关申报。海关在清单上签注，并对烟、酒实施加封。

3. 因特殊原因，船员、船舶外留的烟酒不符实际需要的，可以由船舶负责人向海关提出书面申请，经海关审核批准后，在海关监管下启封及重封。

二、法规链接

（一）《海关法》相关条款

第三十七条 海关加施的封志，任何人不得擅自开启或者损毁。（进出境货物）

第四十七条 海关加施的封志，任何人不得擅自开启或者损毁。（进出境物品）

第八十六条 违反本法规定有下列行为之一的，可以处以罚款，有违法所得的，没收违法所得：

……

（十一）擅自开启或者损毁海关封志的；

……

（二）《中华人民共和国海关行政处罚实施条例》相关条款

第二十三条 有下列行为之一的，予以警告，可以处3万元以下罚款：

（一）擅自开启或者损毁海关封志的；

……

(三)《中华人民共和国海关进出境运输工具监管办法》相关条款

第二十一条 进出境运输工具在境内从一个设立海关的地点驶往另一个设立海关的地点的,应当符合海关监管要求,驶离地海关应当制发关封。进出境运输工具负责人应当妥善保管关封,抵达另一设立海关的地点时提交目的地海关。

(四)《中华人民共和国海关关于转关货物的监管办法》相关条款

第二条 转关货物是海关监管货物,除另有规定外,进出口货物均可办理转关手续。海关对进出口转关货物施加海关封志。

(五)《中华人民共和国海关关于境内公路承运海关监管货物的运输企业及其车辆、驾驶员的管理办法》相关条款

第十九条 驾驶员应将承运的海关监管货物完整、及时地运抵指定的监管场所,并确保海关封志完好无损,未经海关许可,不得开拆。

(六)《中华人民共和国海关对过境货物监管办法》相关条款

第五条 装载过境货物的运输工具,应当具有海关认可的加封条件和装置。海关认为必要时,可以对过境货物及其装载装置加封。运输部门和经营人,应当负责保护海关封志的完整,任何人不得擅自开启或损毁。

(七)《中华人民共和国海关对国际航行船舶船员自用和船舶备用烟、酒的管理规定》相关条款

第三条 船舶每航次挂港期间,从进境之日起,在港停留每十天准予船舶外留备用香烟三千支、酒五瓶;准予每一外籍船员外留自用香烟四百支、酒一瓶(不含啤酒饮料)。外籍船员携带上岸的烟、酒每次不得超过香烟四十支、酒一瓶,累计总数不得超出上述本人外留数量。

第四条 不属本规定第三条核准外留的烟、酒,应全部集中储存,

由船舶负责人在"船员自用和船舶备用烟、酒加封清单"上列明,向海关申报。海关在清单上签注,并对烟、酒实施加封。船舶负责人有责任为海关加封烟、酒提供方便。

第八条 开往我境内下一个口岸的船舶,其加封的烟、酒不得擅自启封,由本口岸海关将"船员自用和船舶备用烟、酒加封清单"作关封由船舶负责人负责带交下一口岸海关。由下一口岸海关依照本规定继续监管。直驶境外港口的船舶,结关离境后可自行启封。

三、案例启示

1. 海关封志要保管好,更不能私自开启和损毁。海关的封志,无论是纸质、铅封还是施封锁均是海关的重要监管工具,一旦施加到运输工具上,运输工具的负责人就有对其保管的义务。本案中的船舶负责人不但没有履行好保管的义务,反而指令下属人员擅自损毁海关封志。根据海关规定,运输工具负责人,包括进出境国际航行船舶,民用航空器,铁路列车、公路车辆的负责人、承运转关运输货物的驾驶员以及装载过境货物运输部门和经营人等,负有对海关封志进行妥善保管的义务。

2. 意外损毁要报告。在实际工作中有时会发生海关封志意外开启或者损毁的情况,尤其是纸质的海关封志在受潮、大风等情况下较容易发生损毁。遇到此种情况时,船舶负责人要立即向海关报告并尽量让封志保持现状,等待海关人员到达后处理。根据海关要求,对海关封志负有保管义务的人员,因不可抗力等原因导致发生海关封志意外开启、损毁等特殊情况时,应及时向主管海关或附近海关报告。

3. 海关封志,谁损毁谁负责。擅自开启、损毁海关封志的违法主体是一般主体,即任何擅自开启、损毁海关封志,并具有行政责任能力的人员均有可能成为该违规行为的违法主体,而不仅限于对海关封志负有妥善保管义务的人员。但单位领导决定,指派员工或聘请他人擅自开启和损毁的,如果具体开启行为人对海关封志的相关规定和要求不了解、不知情的，由单位承担责任。如本案中的海关封志开启行为就是由船舶负责人决定的，负责开启人员并不了解海关规定。如果开启行为人了解和知情的，单位和行为人作为共同当事人均应承担相应的责任。

4. 要了解在海关规定中海关可以施封的主要几种情况：

（1）出境国际航行船舶、民用航空器、铁路列车、公路车辆在境内从一个设立海关的地点驶往另一个设立海关的地点的，应当符合海关监管要求，驶离地海关应当制发关封，加施海关封志。

（2）境内陆路载运转关货物的汽车驾驶员，应出示"准载证"等相关证件，如实填报交验"汽车载货登记簿"，将承运的海关监管货物完整、及时地运抵指定的监管场所，并确保海关封志完好无损，未经海关验收许可，不得开拆。

（3）装载过境货物的运输工具，应当具有海关认可的加封条件和装置。海关认为必要时，可以对过境货物及其装载装置加施海关封志。

（4）船舶每航次挂港期间，超过核准外留数量的船用烟、酒应集中储存，由船舶负责人在"船员自用和船舶备用烟、酒加封清单"上列明，向海关申报。海关在清单上签注，并对烟、酒实施加封。

案例四

新造船出口装货添加物料

2013年3月，南通某造船厂生产的一艘价值9 800万元的散货船"某某海"轮试航完毕，通过船东验收后，准备交船办理出口手续，同时船东根据其船期安排在南通揽了一批货物运往国外，准备与该船舶同时办理出口手续。另外该船舶还准备在离境前在南通港口添加一批船用物料。由于该新造船出口遇到的情况比较复杂，其船舶代理公司在反复向有关部门咨询后进行了如下操作：2013年3月12日，船舶代理公司首先将该船舶作为货物向海关申报办理了货物的出口通关手续，在办理完海关出口通关手续后，船舶代理公司向海关船舶管理部门申请办理了国际航行船舶的备案以及入境等手续。然后，船舶代理公司又将计划装船的货物向海关申报出口，该船舶随后移至装货码头将出口货物装上船。同日，在该船舶办理完国际航行船舶的备案和入境手续后，某船舶服务公司申请向该船舶添加一批物料，实际添加物料的时间在其装货之后。在整个出口过程中，船舶代理公司提前和海关沟通，得到海关各部门的支持。海关给予其最便捷的通关速度，避免该船舶在复杂的操作中发生错误，使其顺利、快速办理了海关手续。

一、关键点分析

1. 新造船舶出口时需要作为货物性质和运输工具性质同时向海关办理相关手续。出口新造船需在作为货物办理完海关出口手续后办理运输工具的海关备案，然后作为国际航行船舶办理其进出境海关手续。

2. 出口新造船作为运输工具在海关办理完国际航行船舶的备案以及进境申报手续后才可以进行运载货物的起卸。

3. 出口新造船舶的物料添加。新造船舶在船舶货物海关放行并办理国际运输船舶的备案和申报手续后，船舶的物料上下必须向海关申报并经海关同意。

二、法规链接

（一）《海关法》相关条款

第十九条　进境的境外运输工具和出境的境内运输工具，未向海关办理手续并缴纳关税，不得转让或者移作他用。

（二）《中华人民共和国海关进出境运输工具监管办法》相关条款

第七条　运输工具作为货物以租赁或其他贸易方式进出口的，除了需要办理进出境运输工具进境或者出境手续外，还应当办理进出境运输工具进出口报关手续。

第八条　进出境运输工具、进出境运输工具负责人和进出境运输工具服务企业应当在经营业务所在地的直属海关或者经直属海关授权的隶属海关备案。

第九条　进出境运输工具、进出境运输工具负责人和进出境运输工具服务企业在海关办理备案的，应当按不同运输方式分别提交"进出境国际航行船舶备案表"、"进出境航空器备案表"、"进出境铁路列车备案表"、"进出境公路车辆备案表"、"运输工具负责人备案表"、"运输工具服务企业备案表"，并同时提交上述备案表随附单证栏中列明的材料。

第二十六条　出境运输工具负责人在货物、物品装载完毕或者旅客全部登机（船、车）以后，应当向海关提交结关申请。海关审核无误的，制发"结关通知书"。

海关制发"结关通知书"以后，非经海关同意，出境运输工具不得装卸货物、上下旅客。

第三十二条　进出境运输工具添加、起卸、调拨物料的，应当接受海关监管。

三、案例启示

1. 新造船舶出口申报前后"身份"大不同。新造船舶出口时，船舶会有不同"身份"的转变过程，船舶负责人应当充分了解自己的新造船当前的"身份"和状态。新造船舶出口首先是作为货物出口的，大部分情况下，我国出口的新造船舶是作为加工贸易货物出口的，需要在货物属性的时候办理完手册的结案等一系列出口手续后，才能转为作为运输工具的国际航行船舶。根据海关规定，运输工具作为货物以租赁或其他贸易方式进出口的，除了需要办理进出境运输工具进境或者出境手续外，还应当办理进出境运输工具进出口报关手续。

2. 新造船舶出口时也可以装货。船舶作为运输工具本身就应当能够运输货物，只不过作为新造船舶，想以国际航行船舶的"身份"装载货物前还需要办理海关的备案手续，将其"身份"由货物转为国际航行船舶后才能够作为运输工具装载进出口货物。万万不可以在尚未完成转变前就装载进出口货物。

3. 新造船舶转变"身份"后一切按照国际航线船要求管理。本案中的国际航行船舶在转变完身份后就可以装载出口货物了，相应地海关也就按照国际进出境运输工具的要求来对其管理。其装载货物、添卸物料、上下人员就必须在海关监管场所进行，并向海关申报接受海关监管。同样地，根据海关的规定，在货物、物品装载完毕以后，国际航行船舶就要向海关提交结关申请。海关一旦制发了"结关通知书"，非经海关同意，不可以装卸货物、上下物料。

4. 作为运输工具的船舶、航空器、铁路列车和公路车辆，当其成为海关监管对象时可以具有双重属性，用于载运货物、物品和旅客进出境、承担国际运输业务的，海关将其作为进出境运输工具，按照《中华人民共和国海关进出境运输工具监管办法》监管；境外的运输工具进境后因故发生转让、移作他用而不复运出境的或者境内的运输工具在出境前申报将发生转让、移作他用于境外的，在法律属性上由"运输工具"转为"进出口货物"，必须办理货物进出口手续。

案例五

非开放码头运载出口货物案

2012年5月，南通某重工有限公司计划出口4块舱盖板，但该造船公司所属码头为非开放码头，不能停靠国际运输船舶，无法在其码头完成货物的出口报关手续。同时，南通拥有开放码头的海关监管场所中只有个别码头具有能起吊该舱盖板的吊机，该开放码头的泊位又处于极度紧张的状态。如果该重工企业将其准备出口的4块舱盖板通过国内运输船舶运至该开放码头的海关监管场所办理出口手续，不但耽误时间而且会增加很多运输、吊装费用。"某兴轮"为经批准的国际国内运输兼营船舶，为了能够揽到该票货物，该船舶向海关申请转为国内运输，驶抵该造船公司所属码头，装载了出口舱盖板后驶抵南通集装箱码头（开放码头）。在未将货物卸下的情况下向海关申请转为国际运输，并在该开放码头装载了其他出口货物向海关申报出口。海关巡查人员在巡查时发现该船舶停靠在码头的开放泊位上，而此时该船舶尚未转为国际运输。该违规情事，被移交海关缉私部门查处。

一、关键点分析

1. 进出境运输工具应当在海关监管场所停靠、装卸货物、物品和上下人员。除经国务院或者国务院授权的机关批准外，不可以在非海关监管场所上下货物、物品、人员。

2. 未经海关同意，进出境运输工具不得兼营境内客货运输或者用于进出境运输以外的其他用途。

3. 未按照规定办理海关手续，进出境运输工具不得改营境内运输。

二、法规链接

（一）《海关法》相关条款

第八条 进出境运输工具、货物、物品，必须通过设立海关的地点进境或者出境。在特殊情况下，需要经过未设立海关的地点临时进境或者出境的，必须经国务院或者国务院授权的机关批准，并依照本法规定办理海关手续。

第十六条　进出境船舶、火车、航空器到达和驶离时间、停留地点、停留期间更换地点以及装卸货物、物品时间，运输工具负责人或者有关交通运输部门应当事先通知海关。

第十七条　运输工具装卸进出境货物、物品或者上下进出境旅客，应当接受海关监管。

货物、物品装卸完毕，运输工具负责人应当向海关递交反映实际装卸情况的交接单据和记录。

(二)《中华人民共和国海关进出境运输工具监管办法》相关条款

第四条　除经国务院或者国务院授权的机关批准外，进出境运输工具应当通过设立海关的地点进境或者出境，在海关监管场所停靠、装卸货物、物品和上下人员。

由于不可抗力原因，进出境运输工具被迫在未设立海关的地点或者在非海关监管场所停靠、降落或者抛掷、起卸货物、物品以及上下人员的，进出境运输工具负责人应当立即报告附近海关。附近海关应当对运输工具及其所载的货物、物品实施监管。

第五条　进境运输工具在进境以后向海关申报以前，出境运输工具在办结海关手续以后出境以前，应当按照交通运输主管机关规定的路线行进；交通运输主管机关没有规定的，由海关指定。

进境运输工具在进境申报以后出境以前，应当按照海关认可的路线行进。

(三)《中华人民共和国海关对我国兼营国际国内运输船舶的监管规定》相关条款

第七条　兼营船舶在卸完国内运输货物后，才能申请改为经营国际运输，由海关在"签证簿"上批注签章。

第九条　经海关结关改为经营国内运输的船舶，如需再改航国外、经营国际运输时，船方或其代理人应在装出口货物或无货出口结关开航前二十四小时前向海关提出书面申请，并交验"签证簿"。

(四)《中华人民共和国海关行政处罚实施条例》相关条款

第二十一条　有下列行为之一的，予以警告，可以处10万元以下罚款，有违法所得的，没收违法所得：

……

(四)进出境运输工具到达或者驶离设立海关的地点，未按照规定向海关申报、交验有关单证或者交验的单证不真实的。

三、案例启示

1. 进出境运输工具应当在设立海关的地点进出境，在海关监管场所停靠、装卸货物、物品和上下人员。本案中的"某兴轮"船舶负责人明知海关的此项规定，所以就想通过转换兼营船舶的国际国内运输功能的方式来规避海关的规定。某重工有限公司为了节约费用，在明知自己公司码头为非开放码头的情况下，同意了"某兴轮"逃避海关监管运输出口货物的做法。当然在实际工作中，如果发生确实不能将货物运输至开放码头办理出口手续的，可以向海关提出申请，海关会根据实际情况予以解决。

2. 国际航行船舶上下货物必须接受海关监管。国际航行船舶上的一切人员以及货物上下船舶的时候都是需要向海关申报的，本案中的"某兴轮"和某重工有限公司的行为，导致该4块舱盖板出口装船未向海关申报，在事实上造成了出口货物脱离海关监管。根据海关规定，进境运输工具在向海关申报以前，未经海关同意，不得装卸货物、物品，除引航员、口岸检查机关工作人员外不得上下人员。运输工具装卸进出境货物、物品或者上下进出境旅客，应当接受海关监管。

3. 向海关申报内容与实际相符。向海关申报的情况与运输工具的实际情况必须一致是海关申报的基本要求,本案中"某兴轮"和某重工有限公司为了隐瞒其并非在开放码头装船的目的,还在开放码头装载了其他货物出口,并未将4块舱盖板的真实情况向海关申报,以混淆海关工作人员的注意力。根据海关规定,进出境运输工具装卸货物、物品完毕后,进出境运输工具负责人应当向海关递交反映实际装卸情况的交接单据和记录。

4. 兼营船舶卸净货物再改营。本案中的"某兴轮"是在装载有某重工有限公司的4块舱盖板的情况下向海关申请办理由国内运输转为国际运输的,当然,"某兴轮"隐瞒了这一点。根据海关规定,兼营船舶在卸完国内运输货物后,才能申请改为经营国际运输,由海关在"签证簿"上批注签章。

5. 兼营船舶改营要提前申请。经海关结关改为经营国内运输的船舶,如需再改航国外经营国际运输时,船方或其代理人应在装出口货物或无货出口结关开航前二十四小时前向海关提出书面申请,并交验"签证簿"。

6. 兼营船舶连续经营国内运输满一年,海关将视作不再经营国际运输业务,海关将要求船方或其代理人在期满后一个月内将"船舶进出境(港)海关监管簿"交回。

7. 兼营船舶的船用物料要如实申报。兼营船舶在经营国际运输航行时使用的燃油、烟酒等物料均为免税货物,对于船用物料尤其是这些免税货物要如实申报。根据海关规定,船方或其代理人应在船舶申报改为经营国内运输的同时,在"签证簿"内向海关报明留存船上的进口船用物料、燃料、烟、酒的名称。

8. 该补税时不能忘。如需将船用物料、燃料、烟、酒调拨或作价出售给其他非国际航行船舶,要事前书面报经海关核准,并照章补征进口税。

案例六

国际航行船舶船员擅自上下船案

2013年3月15日,国际航行船舶"某某号"轮驶入南通港,停靠南通狼山港码头。当日下午,海关巡查人员前往狼山码头对"某某号"轮进行例行检查,登轮前巡查人员发现大量行李堆放在码头,并有几名船员正在从轮船舷梯往下走。海关巡查人员在确认堆放于码头的行李为下船船员行李后依法进行了检查。检查过程中发现下船行李物品中携带有烟酒等需要向海关申报的物品,其中一名男性船员还携带了超过自用数量的各类国外化妆品30余种。巡查人员登轮对该船舶负责人进行询问得知,该船舶共有34名船员,其中有7名中国籍船员准备在南通港进行换班,其中5名船员的行李已经卸下码头,而船舶代理公司并未将此情况向海关申报。海关巡查人员随后要求该船舶全体船员集中,在船舶负责人的带领下,对船员房间进行全面检查。海关巡查人员在2名准备下船的船员房间中检查出15瓶1.5L的XO洋酒以及28瓶葡萄酒。携带超量化妆品以及烟酒的船员表示,大量的烟酒和化妆品是带给亲戚朋友的,并非用于销售。海关巡查人员将此案移交缉私部门处理。

一、关键点分析

1. 进出境运输工具在向海关申报以前,未经海关同意,不得装卸货物、物品,除引航员、口岸检查机关工作人员外不得上下包括运输工具工作人员在内的人员。

2. 进出境运输工具工作人员携带的物品,应当以服务期间必需和自用合理数量为限。携带超过合理数量的自用物品进出境必须向海关申报,办理纳税等手续,未向海关申报或故意隐瞒的将会受到海关处罚。

3. 进出境运输工具工作人员携带物品进出境的，应当向海关申报并接受海关监管。运输工具工作人员不得为其他人员托带物品进境或者出境。

二、法规链接

(一)《海关法》相关条款

第十四条　进出境运输工具到达或者驶离设立海关的地点时，运输工具负责人应当向海关如实申报，交验单证，并接受海关监管和检查。

第十七条　运输工具装卸进出境货物、物品或者上下进出境旅客，应当接受海关监管。

……

上下进出境运输工具的人员携带物品的，应当向海关如实申报，并接受海关检查。

第十八条　海关检查进出境运输工具时，运输工具负责人应当到场，并根据海关的要求开启舱室、房间、车门；有走私嫌疑的，并应当开拆可能藏匿走私货物、物品的部位，搬移货物、物料。

(二)《中华人民共和国海关进出境运输工具监管办法》相关条款

第六条　进出境运输工具到达或者驶离设立海关的地点时，进出境运输工具负责人应当采用电子数据和纸质申报单形式向海关申报。

第十六条　进出境运输工具到达设立海关的地点时，应当接受海关监管和检查。

海关检查进出境运输工具时，运输工具负责人应当到场，并根据海关的要求开启舱室、房间、车门；有走私嫌疑的，并应当开拆可能藏匿走私货物、物品的部位，搬移货物、物料。

海关认为必要时，可以要求进出境运输工具工作人员进行集中，配合海关实施检查。

第十七条　海关认为必要的，可以派员对进出境运输工具值守，进出境运输工具负责人应当为海关人员提供方便。

海关派员对进出境运输工具值守的，进出境运输工具装卸货物、物品以及上下人员应当征得值守海关人员同意。

第三十七条　进出境运输工具工作人员携带的物品，应当以服务期间必需和自用合理数量为限。

运输工具工作人员不得为其他人员托带物品进境或者出境。

（三）《中华人民共和国海关行政处罚实施条例》相关条款

第十九条　有下列行为之一的，予以警告，可以处物品价值20%以下罚款，有违法所得的，没收违法所得：

（一）未经海关许可，擅自将海关尚未放行的进出境物品开拆、交付、投递、转移或者进行其他处置的；

（二）个人运输、携带、邮寄超过合理数量的自用物品进出境未向海关申报的；

（三）个人运输、携带、邮寄超过规定数量但仍属自用的国家限制进出境物品进出境，未向海关申报但没有以藏匿、伪装等方式逃避海关监管的；

……

三、案例启示

1. 国际航行船舶在抵达海关监管场所时，需要将船舶本航次需要上下的货物、物品以及人员的相关信息向海关申报。本案中船舶有7名船员换班，船舶负责人就需要委托船舶代理机构在进境时就将该7名船员的情况以及随身携带行李物品中需要申报的项目向海关申报。如果出现了在申报后才决定上下船等对于临时出现的物料、人员上下情况，应当尽快向海关申报办理相关手续。

2. 进出境运输工具工作人员在进出境时携带的个人物品，应当向海关申报并接受海关监管。数量上应当以服务期间必需和自用合理数量为限。进出境运输工具的工作人员不得为其他人员托带物品进境或者出境。本案中的7名换班下船船员中有2名船员携带物品是为了送给亲戚朋友，虽然不是为了国内销售，但是携带数量明显超过必需和自用合理数量。根据海关有关规定，行李物品中的烟酒、黄金、电脑、手机等属于必须申报内容。

3. 海关检查进出境运输工具时，运输工具负责人应当到场，并根据海关的要求开启舱室、房间、车门；有走私嫌疑的，并应当开拆可能藏匿走私货物、物品的部位，搬移货物、物料。本案中海关巡查人员根据海关规定对船员房间进行了全面检查，船舶负责人负责开启房门、打开海关需要检查的柜子、抽屉等部位，配合海关检查。

4. 海关认为必要的时候，可以派员对进出境运输工具值守，进出境运输工具负责人应当为海关人员提供方便。海关派员对进出境运输工具值守的，进出境运输工具装卸货物、物品以及上下人员应当征得值守海关人员同意。

案例七

漏缴船舶吨税案

2012年7月9日，南通某船代公司向南通海关申请办理巴拿马籍"某某1"驳轮（净吨位18 651吨）的入境手续及船舶吨税手续。2012年7月12日，巴拿马籍"某某1"驳轮满载12块船用舱盖板后，委托南通某船代公司向南通海关申请办理该轮的离境手续。海关在审核船代提供的有关单证以后，发现该驳轮无有效动力，经询问船舶代理，得知该驳轮是由"某某拖4001"轮（功率：2 940KW）拖带。海关立刻对"某某1"驳轮以及"某某拖4001"轮实施离境检查，发现船舶代理未按规定对"某某拖4001"轮申报入境,且"某某拖4001"轮无有效船舶吨税执照。与此同时,海关在对上述两条国际航行船舶的离境检查中发现,巴拿马籍"某某1"驳轮于2012年6月20日在天津海关购买了30天的吨税,经南通海关验核天津海关签发的吨税执照,属有效执照。

据此,南通海关做出决定:一是对巴拿马籍"某某1"驳轮在南通海关申请办理的船舶吨税,作退税处置。二是对"某某拖4001"轮未向海关申报入境且无有效吨税执照情事,移交海关缉私部门立案查处。

一、关键点分析

1. 船舶吨税,是对自境外港口进入境内港口的船舶征收的一种税,简称吨税。船舶吨税是一种使用税,是对自中华人民共和国境外港口进入境内港口的船舶在我国港口行驶,使用了我国的港口及其助航设备而征收的税。在国外,有的国家以灯塔税的名义征税船舶吨税。

2. 船舶吨税征收的范围和种类。自中华人民共和国境外港口进入境内港口的船舶(简称为"应税船舶"),都应缴纳船舶吨税。船舶吨税分1年期缴纳、90天期缴纳与30天期缴纳三种。缴纳期限由纳税人自行选报。吨税纳税义务发送时间为应税船舶进入港口的当日,如在吨税执照期满后尚未离开港口的,应当申领新的吨税执照,自上一次执照期满的次日起续缴吨税。

3. 海关对少征或漏征吨税的管理。海关发现少征或者漏征税款的,应当自应税船舶应当缴纳税款之日起1年内补征税款。但因应税船舶违反规定造成少征或者漏征税款的,海关可以自应当缴纳税款之日起3年内追征税款,并自应当缴纳税款之日起按日加征少征或者漏征税款0.5‰的滞纳金。

4. 海关对多征吨税的管理。应税船舶发现多缴税款的,可以自缴纳税款之日起1年内以书面形式要求海关退还多缴的税款并加算银行同期活期存款利息,提交退税申请书、原船舶吨税缴款书和可用证明应予退税的材料;海关应当自受理退税申请之日起30日内查实并通知应税船舶办理退还手续，应税船舶负责人或其代理人应当自收到海关准予退税的通知之日起3个月内办理退税手续。

5. 应税船舶不缴或者少缴应纳税款的，处不缴或者少缴税款50%以上5倍以下罚款，但罚款不低于2 000元。有下列行为之一的，由海关责令限期改正，处2 000元以上3万元以下罚款。

（1）未按照规定申报纳税、领取吨税执照的；

（2）未按照规定交验吨税执照及其他证明文件的。

二、法规链接

（一）《中华人民共和国船舶吨税暂行条例》（国务院令第610号）相关条款

第一条　自中华人民共和国境外港口进入境内港口的船舶（以下称应税船舶），应当依照本条例缴纳船舶吨税（以下简称吨税）。

第七条　应税船舶在进入港口办理入境手续时，应当向海关申报纳税领取吨税执照，或者交验吨税执照。应税船舶在离开港口办理出境手续时，应当交验吨税执照。

应税船舶负责人申领吨税执照时，应当向海关提供下列文件：

（一）船舶国籍证书或者海事部门签发的船舶国籍证书收存证明；

（二）船舶吨位证明。

第十七条　海关发现少征或者漏征税款的，应当自应税船舶应当缴纳税款之日起1年内，补征税款。但因应税船舶违反规定造成少征或者漏征税款的，海关可以自应当缴纳税款之日起3年内追征税款，并自应当缴纳税款之日起按日加征少征或者漏征税款0.5‰的滞纳金。

海关发现多征税款的，应当立即通知应税船舶办理退还手续，并加算银行同期活期存款利息。

应税船舶发现多缴税款的，可以自缴纳税款之日起1年内以书面形式要求海关退还多缴的税款并加算银行同期活期存款利息；海关应当自受理退税申请之日起 30 日内查实并通知应税船舶办理退还手续。

应税船舶应当自收到本条第二款、第三款规定的通知之日起 3 个月内办理有关退还手续。

第十八条 应税船舶有下列行为之一的,由海关责令限期改正,处 2000 元以上 3 万元以下罚款;不缴或者少缴应纳税款的,处不缴或者少缴税款 50% 以上 5 倍以下的罚款,但罚款不得低于 2000 元:

(一)未按照规定申报纳税、领取吨税执照的;

(二)未按照规定交验吨税执照及其他证明文件的。

第二十条 本条例下列用语的含义:

净吨位,是指由船籍国(地区)政府授权签发的船舶吨位证明书上标明的净吨位。

非机动船舶,是指自身没有动力装置,依靠外力驱动的船舶。

非机动驳船,是指在船舶管理部门登记为驳船的非机动船舶。

捕捞、养殖渔船,是指在中华人民共和国渔业船舶管理部门登记为捕捞船或者养殖船的船舶。

拖船,是指专门用于拖(推)动运输船舶的专业作业船舶。拖船按照发动机功率每 1 千瓦折合净吨位 0.67 吨。

吨税执照期限,是指按照公历年、日计算的期间。

(二)海关总署关于公布《中华人民共和国船舶吨税暂行条例》实施有关问题的公告(海关总署公告 2011 年第 81 号)

(三)海关总署关于发布《适用船舶吨税优惠税率国家(地区)清单》的公告(海关总署公告 2012 年第 8 号)

(四)海关总署关于将《适用船舶吨税优惠税率的国家和地区名单》修改后重新公布的公告(海关总署公告 2003 年第 20 号)

三、案例启示

1. 企业应如实申报并及时缴纳吨税。按规定应当缴纳船舶吨税的,应税船舶负责人或代理人应当在抵港时，如实填写"船边吨税执照申请书"，向海关申报纳税，同时交验船舶国籍证书或者海事部门签发的船舶国籍证书收存证明和船舶吨位证明（应税船舶为拖船的，还应审核确认该船的发动机功率），并按下述程序征税：

（1）船舶吨税起征日为：应税船舶进入港口的当日。进境后驶达锚地的，以应税船舶抵达锚地之日起计算；进境后直接靠泊的，以靠泊之日起计算。

（2）交款期限：自填发"海关船舶吨税专用缴款书"之日起15日。缴款期限届满日遇星期六、星期日等休息日或者法定节假日的，应当顺延至休息日或者法定节假日之后的第一个工作日。国务院临时调整休息日与工作日的，海关应当按照调整后的情况计算缴款期限。逾期按日加收滞纳税款0.5%的滞纳金。

（3）船边吨税按"船舶吨位证书"中净吨位计征，计税公式为：

吨税 = 净吨位 × 税率（元/净吨）

对申报为拖船的，应按照发动机功率每1千瓦折合净吨位0.67吨进行折算。

2. 在办理吨税前应提前了解吨税税率及免税范围。船舶吨税分为优惠税率和普通税率两种。船籍国（地区）与中华人民共和国签订含有相互给予船舶税费最惠国待遇条款的条约或者协定的应税船舶适用船舶优惠税率，其他应税船舶适用船舶吨税普通税率。中国香港、中国澳门籍船舶适用船舶吨税优惠税率。下列各种外籍船舶，免征吨税：

（1）应纳税额在人民币50元以下的船舶；

（2）自境外以购买、受赠、继承等方式取得船舶所有权的初次进口到港的空载船舶；

（3）吨税执照期满后24小时内不上下客货的船舶；

（4）非机动船舶（不包括非机动驳船）；

（5）捕捞、养殖渔船；

（6）避难、防疫隔离、修理、终止运营或者拆解，并不上下客货的船舶；

（7）军队、武装警察部队专用或者征用的船舶；

（8）依照法律规定应当予以免税的外国驻华使领馆、国际组织驻华代表机构及其有关人员的船舶；

（9）国务院规定的其他船舶。

3. 应税船舶负责人或其代理人申请退税时，应向海关提交下列材料：

（1）退税申请书；

（2）原船舶吨税缴款书和可以证明应予退税的材料。

海关将自受理退税申请之日起30日内，告知企业办理退税手续或作出不予退税的决定。自应税船舶收到海关准予退税的通知之日起3个月内未办理退税手续的，海关不再予以退税。

案例八

修理船舶吨税延期

2012年8月12日，"某某7号"轮（韩国籍）停靠南通中远船务有限公司码头实施局部维修。"某某7号"轮委托船舶代理向海关办理入境手续时，该轮持有张家港海关签发的有效吨税执照，执照有效期至2012年9月30日止。

2012年9月15日，"某某7号"轮的船东因业务需要，将该轮转卖给香港的一家船舶公司，并由香港的船舶公司接手该轮的修理及局部改造工程。2012年10月9日，"某某7号"轮修理完毕并准备在南京口岸装货后驶往国外。因该轮的船舶吨税执照已经到期，且该轮的船籍因买卖而产生了变化，2012年10月9日，香港的船公司委托南通某船舶代理，向南通海关申请办理该轮的船舶吨税延期及更换船籍手续。

一、关键点分析

1. 船籍改变、船舶更名，原吨税执照继续有效。应税船舶在"船舶吨税执照"有效期内，因税目税率调整或者船籍改变导致适用税率变化的，吨税执照继续有效。因船籍改变而导致适用税率变化的，应税船舶在办理出入境手续时应提供船籍改变的证明文件。应税船舶在"船舶吨税执照"有效期内更名的，吨税执照继续有效。

2. 因修理产生吨位变化的，原吨税执照继续有效。应税船舶在吨税执照有效期内，因修理导致净吨位变化的，吨税执照继续有效。应税船舶办理出入境手续时，应当提供船舶经过修理的证明文件。

3. 应税船舶申请延长吨税执照期限的办理。应税船舶负责人或其代理人应在吨税执照有效期内向延期事项发生地海关提出申请，海关审核延期申请以及海事部门或者卫生检疫部门等机构出具的具有法律效力的证明文件或者使用关系证明文件后，海关在吨税执照电子数据备注栏批注，同时在纸质执照备注栏批注延期。

二、法规链接

《中华人民共和国船舶吨税暂行条例》相关条款

第十条 在吨税执照期限内，应税船舶发生下列情形之一的，海关按照实际发生的天数批注延长吨税执照期限：

（一）避难、防疫隔离、修理，并不上下客货；

（二）军队、武装警察部队征用。

第十四条 应税船舶在吨税执照期限内，因修理导致净吨位变化的，吨税执照继续有效。应税船舶办理出入境手续时，应当提供船舶经过修理的证明文件。

第十五条 应税船舶在吨税执照期限内，因税目税率调整或者船籍改变而导致适用税率变化的，吨税执照继续有效。

因船籍改变而导致适用税率变化的，应税船舶在办理出入境手续时，应当提供船籍改变的证明文件。

三、案例启示

1. 延长吨税执照期限的条件。在吨税执照期限内，应税船舶发生下列情形之一的，海关按照实际发生的天数批注延长吨税执照期限：

（1）避难、防疫隔离、修理，并不上下客货；

（2）军队、武装警察部队征用。

2. 吨税执照的有效期确定。"船舶吨税执照"的有效期自应税船舶进入港口之日计算，有效期为：起征日 + 期别（含起征日）。

3. 吨税执照变更的受理海关。船舶使用人所领吨税执照，在有效期内，如有损毁或遗失时，应向原发照地海关书面申请，并请另发吨税执照副本，不再补税。

4. 吨税税目税率见下表 1-1：

表 1-1　吨税税目税率表

税目 （按船舶净吨位划分）	税率（元/净吨）						备注
	普通税率 （按执照期限划分）			优惠税率 （按执照期限划分）			
	1 年	90 日	30 日	1 年	90 日	30 日	
不超过 2 000 净吨	12.6	4.2	2.1	9.0	3.0	1.5	拖船和非机动驳船分别按相同净吨位船舶税率的 50% 计征税款
超过 2 000 净吨，但不超过 10 000 净吨	24.0	8.0	4.0	17.4	5.8	2.9	
超过 10 000 净吨，但不超过 50 000 净吨	27.6	9.2	4.6	19.8	6.6	3.3	
超过 50 000 净吨	31.8	10.6	5.3	22.8	7.6	3.8	

5. 根据《中华人民共和国船舶吨税暂行办法》的有关规定，与中

华人民共和国签订有条约或协定、相互给予船舶吨税优惠的国家和地区籍的船舶，其吨税按优惠税率计征；其他国家和地区籍的船舶，吨税按普通税率计征。

适用船舶吨税优惠税率国家和地区有：

芬兰、瑞典、丹麦、也门、俄罗斯、突尼斯、德国、阿尔巴尼亚、苏丹共和国、朝鲜、越南、加纳、斯里兰卡、刚果、巴基斯坦、挪威、古巴、智利、缅甸、秘鲁、墨西哥、希腊、塞浦路斯、保加利亚、波兰、日本、菲律宾、新西兰、荷兰、阿尔及利亚、民主刚果（原扎伊尔）、埃塞俄比亚、罗马尼亚、肯尼亚、阿根廷、泰国、新加坡、孟加拉国、比利时、卢森堡、南斯拉夫、阿曼苏丹国、巴西、意大利、马来西亚、韩国、克罗地亚、老挝、乌克兰、大不列颠及北爱尔兰（包括泽西岛、百慕大、根西岛、开曼群岛、马恩岛和直布罗陀附属地）、加拿大、马耳他、法国、以色列、格鲁吉亚、土耳其、黎巴嫩、印度、摩洛哥、蒙古、美国、中国香港、中国澳门、伊朗、巴哈马、立陶宛。

（1）根据中英海运协定，船籍为大不列颠及北爱尔兰联合王国以及联合王国负责管辖的6个领地，即泽西岛（The Bailiwick of Jersey）、百慕大（Bermuda）、根西岛（The Bailiwick of Guernsey）、开曼群岛（The Cayman – Islands）、马恩岛（The Isle of Man）和直布罗陀（Gibraltar）的船舶适用优惠税率。

（2）根据中法海运协定，适用优惠税率的船舶船籍应为法兰西共和国，不包括法属地。

（3）根据中美海运协定，适用优惠税率的船舶船籍应为美利坚合众国，不包括美属地。

6. 新造船舶出口免征吨税。我国新造船舶出境，属于货物出口，该船舶尚未投入运营且未作为运输工具行驶于各港口，不在船舶吨税的征收范围，因此，海关不应征收船舶吨税。

案例九

盗用国际航行船舶资质违规供应案

自 2010 年 10 月 26 日起至 2010 年 11 月 8 日间,南通某海事服务有限公司持"某某 NOR"轮(船籍:马绍尔群岛,2010 年 10 月 25 日靠泊南通中远船务有限公司码头进行局部维修)的船方申请,累计向南通海关申请办理了 29 份"国际航行船舶上下物料审批表"。

2010 年 11 月 9 日,南通海关对其中的 6311 号申请实施重点核查。初步查实,南通某海事服务有限公司采用不正常手段获取"某某 NOR"轮的上下物料船方申请,把转关单号"1022××9001506446"项下的 4 个船用抓斗(货值:26 万欧元),向南通海关申请办理了"某某 NOR"轮的上船手续("国际航行船舶上下物料审批表"编号:6311),随后在海关监管点提取该批转关货物,并将上述货物转运至南通某重工有限公司(实际收货人),供该公司在建的出口船舶(船名:H)使用。

经南通海关进一步调查,发现上述 29 份的"国际航行船舶上下物料审批表"中,9 份审批表所列货物已经供应到"某某 NOR"轮。20 份审批表所列货物,未进入南通中远船务有限公司卡口,也没有实际供应到"某某 NOR"轮。后经查明,南通某海事服务有限公司假借"某某 NOR"轮之名,骗取海关签发的"国际航行船舶上下物料审批表"20 份。其中 12 份审批表所列的转关船用备件(货值:73.2 万欧元),均擅自供应到南通某重工有限公司制造的新造船舶上使用。另外 8 份审批表所列的转关船用备件,也擅自供应到其他造船公司的新造船舶上使用。

一、关键点分析

1. 国内新造船舶在向海关申报出口并完成船舶备案手续之前,其

"身份"为商品或产品，不能作为国际航行船舶进行船用物品的供应业务。

2. 确因生产需要而进口的船用设备，不能按照船用物品供应方式供船上使用，而应当根据该货物的实际情况采取加工贸易进口等其他方式进口使用。

3. 本案中的"某海事服务公司"采取的伪造供应需求，骗取海关放行单证的行为虽然最终没有造成税收损失，但使得海关监管货物脱离海关监管且其伪报行为违反了海关相关规定。

二、法规链接

（一）《海关法》相关条款

第二十三条　进口货物自进境起到办结海关手续止，出口货物自向海关申报起到出境止，过境、转运和通运货物自进境起到出境止，应当接受海关监管。

（二）《中华人民共和国海关进出境运输工具监管办法》相关条款

第三十条　进出境运输工具需要添加、起卸物料的，物料添加单位或者接受物料起卸单位应当向海关申报，并提交以下单证：

（一）中华人民共和国海关运输工具起卸/添加物料申报单；

（二）添加、起卸物料明细单；

（三）海关认为必要的其他单证。

第三十二条　进出境运输工具添加、起卸、调拨物料的，应当接受海关监管。

第三十三条　进出境运输工具添加、起卸、调拨的物料，运输工具负责人免予提交许可证件，海关予以免税放行；添加、起卸国家限制进出境或者涉及国计民生的物料超出自用合理数量范围的，应当按照进出口货物的有关规定办理海关手续。

（三）《中华人民共和国海关行政处罚实施条例》相关条款

第十八条　有下列行为之一的，处货物价值5%以上30%以下罚款，有违法所得的，没收违法所得：

……

（八）有违反海关监管规定的其他行为，致使海关不能或者中断对进出口货物实施监管的。

三、案例启示

1. 海关对新造船舶的物料管理。经国际航行船舶负责人申请，海关核准后，进出境国际航行船舶可以添加、起卸、调拨下列物料：

（1）保障进出境国际航行船舶行驶、航行的轻油、重油等燃料；

（2）供应进出境国际航行船舶工作人员和旅客的日常生活用品、食品；

（3）保障进出境国际航行船舶及所载货物运输安全的备件、垫舱物料加固、苫盖用的绳索、篷布、苫网等；

（4）海关核准的其他物品。

2. 供船物料不得退税规定。由于供船业务为港口供应业务，属于海关对非进出口贸易的监管业务，不纳入贸易性报关管理范畴。其申报的方式为由船舶负责人编制清单报请海关核准，在海关监管下进行国际航行船舶的供船业务操作。根据国务院办公厅对港口供应工作的规定，任何企业不得以一般贸易出口退税的方式进行供船业务，任何加工贸易厂家也不得直接从事国际航行船舶的供应业务。

3. 违规的处置。根据《中华人民共和国海关进出境运输工具监管办法》，构成走私行为、违反海关监管规定行为或者其他违反海关法行为的，由海关依照《海关法》和《中华人民共和国海关行政处罚实施条例》的有关规定予以处理；构成犯罪的，依法追究刑事责任。

4. 进出境运输工具需要添加、起卸物料的，物料添加单位或者接受物料起卸单位应当向海关申报，并提交以下单证：

（1）中华人民共和国海关运输工具起卸/添加物料申报单；

（2）添加、起卸物料明细单；

（3）海关认为必要的其他单证。

案例十

扫舱地脚料擅自销售案

2009年年初，胡某、蔡某共谋以清理船舶油污水为掩护，从在长江锚地内停泊的国际航行船舶收购走私货物以牟取暴利，为此共同成立了长江通嘉油污处理有限公司。2009年5月3日，一艘国际航行船舶在上海吴淞外锚地抛锚后，该船水手长屠某即与胡某电话联系，称有两三百吨船载进口葵花籽油和大豆油等食用油扫舱底料可以出售给胡某。之后，胡某与蔡某电话商定购买其中的大豆油扫舱底料，并约定分工：蔡某筹措购油货款人民币30万元，胡某另筹措购油货款人民币20万元，并负责联系租赁装载的走私油品的国内船舶。5月6日凌晨1时左右，胡某、蔡某乘坐租赁的国内船舶，偷偷靠泊到位于某市长江锚地的屠某所在的国际航行船舶舷侧，屠某在从胡某、蔡某处收取钱款共计50万元后，按照约定的数量将油料从国际航行船舶卸载到胡某、蔡某乘坐租赁的国内船舶。在双方实施完上述走私行为，分离接驳的油管时，被海关缉私警察现场查获。经核定，当事人共走私大豆油196.813吨，偷逃税款人民币235 127.31元。

2009年10月，法院经审理后认定：屠某犯走私普通货物罪，判处有期徒刑四年，并处罚金人民币18万元；胡某犯走私普通货物罪，判处有期徒刑三年零六个月，并处罚金人民币 15 万元；蔡某犯走私普通货物罪，判处有期徒刑三年，缓刑四年，并处罚金人民币 13 万元。屠某违法所得人民币 50 万元以及胡某、蔡某共同非法收购的走私货物 196.813 吨进口大豆油均予追缴，上缴国库。

一、关键点分析

1. 国际航行船舶及所载货物、物品均受海关监管。

也许会有人认为，国际航行船舶已经进入长江内河水域，船舶上下货物、物品可以不受海关监管，更不会构成走私。那么海关对国际航行船舶及所载货物、物品的监管是怎么规定的呢？

根据《海关法》规定，进出境运输工具到达和驶离时间、停留地点，停留期间更换地点以及装卸货物、物品时间，运输工具负责人或者有关交通运输部门应当事先通知海关。运输工具装卸进出境货物、物品或者上下进出境旅客，应当接受海关监管。进出境国际航行船舶是指进出我国关境在国际间运营的境内船舶和境外船舶，应当通过设有海关的港口进出境和装卸货物、物品、上下人员。屠某所在的国际航行船舶显然属于进出境运输工具，应该依法接受海关监管。同时，该船舶所载货物自进境起到办结海关手续止，也应当接受海关监管。

对于国际航行船舶在停港期间，船舶和船员所有的公用、自用物品，如船用物料、烟酒、货币、金银等，海关均可进行加封，海关可以上船进行检查、核对。即使是船方需要卸地处理船上扫舱地脚和废旧物料，船舶负责人也应当向海关书面申请，由接收单位委托有经营权的单位向海关办理有关手续，而绝不允许擅自处理。

2. 共同犯罪，各方均要追究刑事责任。屠某作为国际航行船舶人员，长期从事远洋运输，理应清楚海关对进出境运输工具所载货物、物品包括船上扫舱地脚和废旧物料处理的相关规定。为了牟取非法利益，屠某违反海关监管规定，未向海关办理申报和纳税等相关进口手续，将船载进口食用油扫舱底料非法卸载走私入境，出售给国内人员，偷逃进口税款，构成走私普通货物罪。

胡某、蔡某明知屠某销售的是国际航行船舶装载的尚未办理海关手续的进口食用油扫舱地脚，为非法获取利润，仍向其收购，并且在未向海关申报并缴纳进口税款的情况下非法接驳入境，其行为构成共同走私。

因此，在长江这些内河中，国际航行船舶等进出境运输工具及所载货物、物品，仍然是海关监管对象。本案中屠某在长江内河码头擅自将尚未报关和缴税的进口食用油扫舱地脚出售给胡某、蔡某，数额较大，双方均构成走私犯罪，这种"便宜货"千万不能沾。

3. 事不过三，少量多次走私要负刑事责任。

执法实践中发现，有些不法分子因此自作聪明，恶意规避法律关于个人走私犯罪起刑点的规定，故意将每次走私的偷逃税款控制一定的数额以下，以为这样自己的不法行为最多被行政处罚，从而达到逃避刑罚制裁的目的。其实这样的想法是十分愚蠢的。2011年2月，全国人大公布了《中华人民共和国刑法修正案》（八），对《刑法》第一百五十三条进行了修正，第一款第一项规定："走私货物、物品偷逃应缴税额数额较大或者一年内曾因走私被给予二次行政处罚后又走私的，处三年以下有期徒刑或者拘役，并处偷逃应缴税额一倍以上五倍以下罚金。"换句话讲，如果一个人一年内被查获走私三次，不论偷逃税款多少，都将会被追究刑事责任。这一有关走私普通货物罪的修订内容，对打击那些走私违法犯罪主观恶性较大，屡教不改，甚至以走私为常业的不法分子将起到有力的威慑作用。所以，切勿以"恶小"而为之。

4. 为违法犯罪设立公司，法律不以单位犯罪论处。

本案中，胡某、蔡某两人共同成立了长江通嘉油污处理有限公司，其实施走私违法行为也均以公司"为外轮清理油污水"的业务行为作掩盖。但是，有充分证据证明，胡某、蔡某两人之所以成立这家公司，正是以实施并掩盖其走私犯罪为目的。对于这种情形，根据最高人民法院《关于审理单位犯罪案件具体应用法律有关问题的解释》第二条规定，个人为进行违法犯罪活动而设立的公司、企业、事业单位实施犯罪的，或者公司、企业、事业单位设立后，以实施犯罪为主要活动的，不以单位犯罪论处。因此本案中法院直接认定了胡某、蔡某两个人为自然人犯罪，胡某、蔡某以为成立公司可以逃避法律对其个人的惩处，这种想法只能说是对法律无知的表现。

二、法规链接

（一）《中华人民共和国海关进出境运输工具监管办法》相关条款

第四条　除经国务院或者国务院授权的机关批准外，进出境运输工具应当通过设立海关的地点进境或者出境，在海关监管场所停靠、装卸货物、物品和上下人员。由于不可抗力原因，进出境运输工具被迫在未设立海关的地点或者在非海关监管场所停靠、降落或者抛掷、起卸货物、物品以及上下人员的，进出境运输工具负责人应当立即报告附近海关。附近海关应当对运输工具及其所载的货物、物品实施监管。

第十八条　进出境运输工具负责人应当在进出境运输工具装卸货物的 1 小时以前通知海关；航程或者路程不足 1 小时的，可以在装卸货物以前通知海关。海关可以对进出境运输工具装卸货物实施监装监卸。进出境运输工具装卸货物、物品完毕后，进出境运输工具负责人应当向海关递交反映实际装卸情况的交接单据和记录。

第二十九条　经运输工具负责人申请，海关核准后，进出境运输工具可以添加、起卸、调拨下列物料：

（一）保障进出境运输工具行驶、航行的轻油、重油等燃料；

（二）供应进出境运输工具工作人员和旅客的日常生活用品、食品；

（三）保障进出境运输工具及所载货物运输安全的备件、垫舱物料

和加固、苫盖用的绳索、篷布、苫网等;

（四）海关核准的其他物品。

第三十条　进出境运输工具需要添加、起卸物料的,物料添加单位或者接受物料起卸单位应当向海关申报,并提交以下单证:

（一）中华人民共和国海关运输工具起卸/添加物料申报单;

（二）添加、起卸物料明细单;

（三）海关认为必要的其他单证。

境外运输工具在我国境内添加、起卸物料的,应当列入海关统计。

第三十一条　进出境运输工具之间调拨物料的,接受物料的进出境运输工具负责人应当在物料调拨完毕后向海关提交"运输工具物料调拨清单"。

第三十二条　进出境运输工具添加、起卸、调拨物料的,应当接受海关监管。

第三十五条　进出境运输工具负责人应当将进口货物全部交付收货人。经海关核准,同时符合下列条件的扫舱地脚,可以免税放行:

（一）进口货物为散装货物;

（二）进口货物的收货人确认运输工具已经卸空;

（三）数量不足1吨,且不足进口货物重量的0.1%。

前款规定的扫舱地脚涉及许可证件管理的,进出境运输工具负责人免于提交许可证件。

（二）最高人民法院《关于审理单位犯罪案件具体应用法律有关问题的解释》（法释〔1999〕14号）相关条款

第二条　个人为进行违法犯罪活动而设立的公司、企业、事业单位实施犯罪的,或者公司、企业、事业单位设立后,以实施犯罪为主要活动的,不以单位犯罪论处。

三、案例启示

1. 进出境运输工具负责人应当将进口货物全部交付收货人。但是一些大宗散货在实际装卸过程中难免会产生地脚料，对于扫舱地脚料、废料等货物，在经收货人确认放弃后，船方才能将其作为地脚料处理。

2. 对于垫舱、压舱物料的处理时间上海关也有规定。对申报复运出境的垫舱、压舱物料，应当从起卸之日起 6 个月内运出；不复运出境的垫舱、压舱物料，应当从起卸之日起 14 日内向海关办理进口手续。

3. 进出境运输工具添加、起卸、调拨的物料，运输工具负责人免予提交许可证件，海关予以免税放行；添加、起卸国家限制进出境或者涉及国计民生的物料超出自用合理数量范围的，应当按照进出口货物的有关规定办理海关手续。

4. 除下列情况外，进出境运输工具使用过的废弃物料应当复运出境：

（1）运输工具负责人声明废弃的物料属于《自动进口类可用作原料的废物目录》和《限制进口类可用作原料的废物目录》列明，且接收单位已经办理进口手续的。

（2）不属于《自动进口类可用作原料的废物目录》和《限制进口类可用作原料废物目录》目录范围内的供应物料，以及进出境运输工具产生的清舱污油水、垃圾等，且运输工具负责人或者接受单位能够自卸下进出境运输工具之日起 30 天内依法作无害化处理的。

（3）前款第 1、2 项所列物项未办理合法手续或者未在规定时限内依法作无害化处理的，海关可以责令退运。

第二节　来往港澳小型船舶

来往香港、澳门小型船舶，是指经交通部或者其授权部门批准，专门来往于内地和香港、澳门之间，在境内注册从事货物运输的机动或者非机动船舶。除经批准的船舶外，来往港澳小型船舶均需安装船载GPS定位装置，下面的案例即是海关通过该装置发现的问题。

案例

小型船舶擅自停航、改装案

2012年5月，来往港澳小型船舶"某航216"船从香港运输货物至佛山某港口，在经过大铲中途监管站获得直接通航的指令后，便驶往目的港。之后突然遇到台风，风大浪急，考虑到船舶以及所载货物的安全，船长决定到最近的安全港地进行停航躲避，但是没有向海关报告。在船舶到达目的港后，海关关员通过"来往港澳小型船舶监管系统"查询该船的航行轨迹发现该船有停航报警，认为该船风险较高，便指令巡查关员对该船进行登轮检查。海关巡查关员对船员房间以及船体进行了检查，发现该小型船舶船舱结构异常，调阅了该船的船舶船体结构图后发现该小型船舶与结构图不一致，船体被改装过，在舱体下部安装了暗格。海关人员要求其打开暗格，检查发现其中有2部旧电视、1台旧洗衣机和2袋废旧电子元件。该船一船员辩称是受朋友之托带回国内，以为都是不值钱的东西就认为不需要向海关申报。此案被移交海关缉私部门处理。

一、关键点分析

1. 小型船舶由于不可抗力如风暴等原因,被迫在未设立海关的地点停泊、抛掷、起卸货物、物品或者上下人员,船舶负责人应当立即报告附近海关。

2. 小型船舶不得设置暗格、夹层等可以藏匿货物、物品的处所,船体结构经国家船检部门审定后不得擅自改动。

3. 进出境运输工具工作人员携带物品进出境的,应当向海关申报并接受海关监管。运输工具工作人员不得为其他人员托带物品进境或者出境。

二、法规链接

(一)《海关法》相关条款

第十五条 进境运输工具在进境以后向海关申报以前,出境运输工具在办结海关手续以后出境以前,应当按照交通主管机关规定的路线行进;交通主管机关没有规定的,由海关指定。

第十八条 海关检查进出境运输工具时,运输工具负责人应当到场,并根据海关的要求开启舱室、房间、车门;有走私嫌疑的,并应当开拆可能藏匿走私货物、物品的部位,搬移货物、物料。

第二十二条 进出境船舶和航空器,由于不可抗力的原因,被迫在未设立海关的地点停泊、降落或者抛掷、起卸货物、物品,运输工具负责人应当立即报告附近海关。

(二)《中华人民共和国海关关于来往香港、澳门小型船舶及所载货物、物品管理办法》相关条款

第三条 小型船舶应当在设有海关的口岸或者经海关批准的可临时

派出海关人员实施监管的监管点进出、停泊、装卸货物、物品或者上下人员，并办理相关手续。

第六条 小型船舶应当安装海关认可的船载收发信装置，特殊情况不安装的须经海关同意。

小型船舶不得设置暗格、夹层等可以藏匿货物、物品的处所，船体结构经国家船检部门审定后不得擅自改动。

第二十六条 小型船舶在规定的时间或者地点以外停泊、装卸货物、物品或者上下人员的，应当经海关批准；需海关派员执行监管任务的，应当按照规定交纳规费。

第二十七条 小型船舶由于不可抗力的原因，被迫在未设立海关的地点停泊、抛掷、起卸货物、物品或者上下人员，船舶负责人应当立即报告附近海关。

小型船舶因遇到风浪，致使无法在海关中途监管站停泊办理进出境手续的，经海关中途监管站许可，可以直接驶往目的港。

（三）《中华人民共和国海关行政处罚实施条例》相关条款

第二十二条 有下列行为之一的，予以警告，可以处5万元以下罚款，有违法所得的，没收违法所得：

……

（五）进境运输工具在进境以后向海关申报以前，出境运输工具在办结海关手续以后出境以前，不按照交通主管部门或者海关指定的路线行进的；

……

三、案例启示

1. 不可抗力导致航行线路有变的要立即向海关报告。根据海关规定，进出境航行船舶要按照交通主管部门规定的路线航行，由于不可抗力的原因，被迫在未设立海关的地点停泊、降落或者抛掷、起卸货物、物品，运输工具负责人应当立即报告附近海关。小型船舶抵御大风大浪的能力较弱，本案中的小型船就是在进境过程中遇到台风而不得不进行紧急避险。但是，小型船舶应当在事先或者尽可能的情况下将有关情况报告海关，尽快取得海关的有关指令，避免自身的违规行为。

2. 小型船舶不能私自改装、改造。根据海关规定，小型船舶不得设置暗格、夹层等可以藏匿货物、物品的处所，船体结构经国家船检部门审定后不得擅自改动。如果确实因为各种原因而发生改动的应当向海关报告并提交有关材料，在海关进行重新备案或变更的手续。本案中的小型船舶负责人曾辩称船体的改动是因为船舶年久而对船舶进行的加固性的维护，但是船方没有在海关进行相关的变更，海关的船舶备案资料中没有相关记录。

3. 进出境运输工具工作人员在进出境时携带的个人物品，应当向海关申报并接受海关监管。数量上应当以服务期间必需和自用合理数量为限。进出境运输工具的工作人员不得为其他人员托带物品进境或者出境。本案中的船员以夹藏的方式携带进境了旧电视、洗衣机以及废电子元器件等电子产品，没有向海关申报，构成了走私行为。

第三节　进出境民用航空器

进出境民用航空器，是指除用于执行军事、海关、警察飞行任务外，可载运人员、货物、物品的航空器，分为公共航空器和通用航空器。不包括国家元首和政府首脑乘坐的专机。相对于其他运输工具，民用航空器运输的最大特点就是快捷。近年来，民用航空器成为毒品走私以及海关代购案的高发运输工具，下面的案例就是运输工具的工作人员擅自携带毒品出境的案件。

第一章 进出境运输工具

> 案例

机组人员携带冰毒出境案

2012年4月28日,某航空公司广州机组执行广州—悉尼航班任务,机型是空客330,机组成员共13人,航班预计在傍晚起飞。机组预先准备结束后进入安检通道。在安检过程中,安检员发现安全员李某、黄某、黎某的飞行衣袋中装有块状物,当即询问是什么物品,李某等人回答是茶叶,安检予以放行。机组随即登机做航前准备工作。安检人员回放李某等人所携带的"茶叶"图像时,觉得可疑,于是上机核实那些外包装为普洱茶、铁观音、呈真空密封状态的茶叶。他们当场打开其中一包,发现里面装的并不是茶叶,而是黄色晶体物品。安检人员凭经验判断事态严重,立即扣留了这批物品,并报海关缉私侦查人员。经海关缉私侦查人员现场检验,确认该物品为"冰毒",李某等3人分开携带,共计10包(大包2个、小包8个),总重量为8.1公斤。李某等3人被当场扣留。经与涉事航空公司保卫部了解,当天上午,借执行该航班的机组开会之机,该航班专职安全员李某将部分小包"茶叶"分别交给黎某和黄某,要求他们帮忙带上飞机。在海关缉私部门的审讯中,李某交代,他在驻外期间曾多次出入赌场,并与当地不法分子建立了贩毒联系,接受毒贩巨额酬劳。他利用工作之便,在执行广州—悉尼航班任务时,数次携带大宗冰毒登上飞机,将毒品带往境外。

一、关键点分析

(一)走私毒品无论数量多少都应当追究刑事责任

走私毒品罪是《刑法》第三百四十七条规定的走私、贩卖、运输、制造毒品罪中选择性罪名之一,是指违反《刑法》的禁止性规定,逃避海关监管，非法运输、携带、邮寄毒品进出关境，危害社会秩序和人民群众身体健康的行为。

走私毒品罪是一种严重的刑事犯罪，对社会具有极大的危害性，犯罪对象是毒品，所谓毒品，是指鸦片、海洛因、可卡因、吗啡、大麻等国家进行严格管制的能够使人形成瘾癖的麻醉药品和精神药物。

按照《刑法》第三百四十七条规定，走私毒品，无论数量多少都应当追究刑事责任，予以刑事处罚。并根据走私毒品的不同种类和数量多少以及行为情节的轻重，对走私毒品罪规定了四个不同幅度的处罚标准，最高可判处死刑，并处没收财产。

（二）即使不明知毒品类型也不影响定罪

走私毒品罪主观方面是故意，即明知是毒品而进行走私，过失不构成本罪。为此，有的犯罪嫌疑人在案发后要么不承认明知是毒品，要么狡辩不知道是何种毒品，妄图逃避法律的严惩。殊不知，司法机关对此伎俩早已有所应对。依照规定，具有下列情形之一，被告人不能做出合理解释的，可以认定其"明知"是毒品，但有证据证明确属被蒙骗的除外。

1. 执法人员在口岸、机场、车站、港口和其他检查站点检查时，要求行为人申报为他人携带的物品和其他疑似毒品物，并告知其法律责任，而行为人未如实申报，在其携带的物品中查获毒品的；

2. 以伪报、藏匿、伪装等蒙蔽手段，逃避海关检查，在其携带、运输、邮寄的物品中查获毒品的；

3. 执法人员检查时，有逃跑、丢弃携带物品或者逃避、抗拒检查等行为，在其携带或者丢弃的物品中查获毒品的；

4. 体内或者贴身隐秘处藏匿毒品的；

5. 为获取不同寻常的高额、不等值报酬为他人携带、运输物品，从中查获毒品的；

6. 采用高度隐蔽的方式携带、运输物品，从中查获毒品的；

7. 采用高度隐蔽的方式交接物品，明显违背合法物品惯常交接方式，从中查获毒品的；

8. 行程路线故意绕开检查站点，在其携带、运输的物品中查获毒品的；

9. 以虚假身份或者地址办理托运手续，在其托运的物品中查获毒品的；

10. 有其他证据足以认定行为人应当知道的。

二、法规链接

（一）《刑法》相关条款

第三百四十七条　走私、贩卖、运输、制造毒品，无论数量多少，都应当追究刑事责任，予以刑事处罚。

走私、贩卖、运输、制造毒品，有下列情形之一的，处十五年有期徒刑、无期徒刑或者死刑，并处没收财产：

（一）走私、贩卖、运输、制造鸦片一千克以上、海洛因或者甲基苯丙胺五十克以上或者其他毒品数量大的；

（二）走私、贩卖、运输、制造毒品集团的首要分子；

（三）武装掩护走私、贩卖、运输、制造毒品的；

（四）以暴力抗拒检查、拘留、逮捕，情节严重的；

（五）参与有组织的国际贩毒活动的。

走私、贩卖、运输、制造鸦片二百克以上不满一千克、海洛因或者甲基苯丙胺十克以上不满五十克或者其他毒品数量较大的，处七年以上有期徒刑，并处罚金。

走私、贩卖、运输、制造鸦片不满二百克、海洛因或者甲基苯丙胺不满十克或者其他少量毒品的，处三年以下有期徒刑、拘役或者管制，并处罚金；情节严重的，处三年以上七年以下有期徒刑，并处罚金。

单位犯第二款、第三款、第四款罪的，对单位判处罚金，并对其直接负责的主管人员和其他直接责任人员，依照各该款的规定处罚。

利用、教唆未成年人走私、贩卖、运输、制造毒品，或者向未成年人出售毒品的，从重处罚。

对多次走私、贩卖、运输、制造毒品，未经处理的，毒品数量累计计算。

第三百四十九条　包庇走私、贩卖、运输、制造毒品的犯罪分子的，为犯罪分子窝藏、转移、隐瞒毒品或者犯罪所得的财物的，处三年以下有期徒刑、拘役或者管制；情节严重的，处三年以上十年以下有期徒刑。

缉毒人员或者其他国家机关工作人员掩护、包庇走私、贩卖、运输、制造毒品的犯罪分子的，依照前款的规定从重处罚。

犯前两款罪，事先通谋的，以走私、贩卖、运输、制造毒品罪的共犯论处。

（二）《最高人民法院关于审理毒品案件定罪量刑标准有关问题的解释》相关条款

为依法严惩毒品犯罪，根据刑法分则第六章第七节的规定，现就审理毒品案件定罪量刑标准有关问题解释如下：

第一条　走私、贩卖、运输、制造、非法持有下列毒品，应当认定为刑法第三百四十七条第二款第（一）项、第三百四十八条规定的"其他毒品数量大"：

（一）苯丙胺类毒品（甲基苯丙胺除外）一百克以上；

（二）大麻油五千克、大麻脂十千克、大麻叶及大麻烟一百五十千克以上；

（三）可卡因五十克以上；

（四）吗啡一百克以上；

（五）度冷丁（杜冷丁）二百五十克以上（针剂100mg/支规格的二千五百支以上，50mg/支规格的五千支以上；片剂25mg/片规格的一万片以上，50mg/片规格的五千片以上）；

（六）盐酸二氢埃托啡十毫克以上（针剂或者片剂20g/支、片规格的五百支、片以上）；

（七）咖啡因二百千克以上；

（八）罂粟壳二百千克以上；

（九）上述毒品以外的其他毒品数量大的。

第二条 走私、贩卖、运输、制造、非法持有下列毒品，应当认定为刑法第三百四十七条第三款、第三百四十八条规定的"其他毒品数量较大"：

（一）苯丙胺类毒品（甲基苯丙胺除外）二十克以上不满一百克；

（二）大麻油一千克以上不满五千克，大麻脂二千克以上不满十千克，大麻叶及大麻烟三十千克以上不满一百五十千克；

（三）可卡因十克以上不满五十克；

（四）吗啡二十克以上不满一百克；

（五）度冷丁（杜冷丁）五十克以上不满二百五十克（针剂100mg/支规格的五百支以上不满二千五百支，50mg/支规格的一千支以上不满五千支；片剂25mg/片规格的二千片以上不满一万片，50mg/片规格的一千片以上不满五千片）；

（六）盐酸二氢埃托啡二毫克以上不满十毫克（针剂或者片剂20g/支、片规格的一百支、片以上不满五百支、片）；

（七）咖啡因五十千克以上不满二百千克；

（八）罂粟壳五十千克以上不满二百千克；

（九）上述毒品以外的其他毒品数量较大的。

第三条 具有下列情形之一的，可以认定为刑法第三百四十七条第

四款规定的"情节严重":

(一) 走私、贩卖、运输、制造鸦片一百四十克以上不满二百克、海洛因或者甲基苯丙胺七克以上不满十克或者其他数量相当毒品的;

(二) 国家工作人员走私、制造、运输、贩卖毒品;

(三) 在戒毒监管场所贩卖毒品的;

(四) 向多人贩毒或者多次贩毒的;

(五) 其他情节严重的行为。

三、案例启示

(一) 国际民航机机组人员物品进出境管理规定

1. 机组人员携带自用物品、货币、金银制品等进出境的时候,应当报请海关查验、放行。

2. 机组人员携带进出境的物品,应当以个人旅途必需或者零星自用物品为限,进出境的物品不准出售或者转让。

3. 外国民航机机组人员购买合理数量的自用物品携带出境的时候,应当向海关交验外币兑换单和收货商店的发票。

4. 机组人员不准为其他人员托带物品进境或出境。

(二) 国际民航机机组人员物品进出境通关手续办理

1. 中国民航机机组出境时向海关交验机组人员及其自用物品、货币、金银清单,由海关审核签章后交还机长或乘务长保存,回程进境时凭以办理进境申报手续。

2. 外国民航机机组入境时向海关交验机组人员及其自用物品、货币、金银清单,由海关审核签章后交还机长或乘务长保存,回程出境时凭以办理出境申报手续。

第四节　来往港澳公路货运车辆

来往港澳货运车辆是指依照规定在海关备案的来往港澳公路货运车辆，包括专业运输企业的车辆和生产型企业的自用车辆。在海关管理中有备案、运营、注销以及车辆改装等情况需要注意。

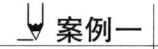 案例一

车辆备案地点不符合资质要求

某货运企业于2000年4月经广东省外经贸厅批准设立，并获准经营直通内地和澳门公路货物运输资格，获批运输车辆指标共20辆，运输路线的起讫点分别在内地和澳门，进出口岸为拱北公路口岸。2000年6月，该货运企业向深圳海关申请备案，深圳海关不予受理，同时告知申请人应当向拱北海关申请。

一、关键点分析

1. 货运企业开展直通港澳公路货物运输业务前，需经进出境地直属海关或者其授权的隶属海关备案。

2. 本例货运企业经政府主管部门（广东省外经贸厅）批准，运输车辆全部经由拱北公路口岸进出内地和澳门，进出境口岸为拱北公路口岸，按规定应向拱北海关或者拱北海关授权的隶属海关申请备案。

二、法规链接

《中华人民共和国海关关于来往香港、澳门公路货运企业及其车辆和驾驶员的管理办法》（海关总署令第118号）相关条款

第三条 货运企业、车辆、驾驶员的备案、变更备案、注销备案、年审等业务以及相关后续管理工作，由进出境地的直属海关或者其授权的隶属海关按照本办法的规定办理。

三、案例启示

1. 经由深圳公路口岸进出境的，向深圳海关或者深圳海关授权的隶属海关申请备案；经由拱北公路口岸进出境的，向拱北海关或者拱北海关授权的隶属海关申请备案。申请人可以通过互联网和热线电话等渠道了解相关规定和业务流程，以及办理备案业务的海关单位名称和办公地址等。

2. 货运企业备案需提交下列文件：

（1）来往香港/澳门货运企业备案申请表；

（2）政府主管部门审批文件（提示：直通港澳公路货运企业的设立、变更和提前终止等事项，由广东省外经贸厅按照外商投资的法律、法规进行审批）；

（3）营业执照复印件（提示：营业执照由广东省工商局签发）；

（4）组织机构代码证复印件；

（5）货运企业提交公路运输经营许可证复印件（提示：道路运输经营许可证件由广东省交通主管部门负责签发），生产型企业提交海关核发的报关注册登记证书复印件或者进出口货物登记手册复印件；

（6）海关认可的银行或者非银行金融机构出具的担保函。

案例二

车辆擅自改装，海关不予备案

2012年8月，海关在办理某企业车辆备案手续过程中，经验核车体发现：有1辆厢式货车挂有2个油箱，其中1个油箱疑似非原车出厂标准配置。后经企业自查证实是驾驶该辆汽车的前任驾驶员擅自加装的。海关对此作如下处理：1. 对上述车辆备案申请作退单处理，并在回执中说明退单理由；2. 待企业拆除擅自加装的油箱，恢复油箱标准配置状态后，海关重新受理申请，重新验核车辆。经验核车辆符合海关监管技术标准，且备案申请材料齐全、符合法定形式的，海关予以办理备案手续。

一、关键点分析

1. "车辆的油箱和备用轮胎等装备以原车出厂时的标准配置为准，不得擅自改装或者加装"是海关对货运车辆监管条件之一。

2. 对于申请材料齐全、符合法定形式，且车体符合海关监管条件的，海关予以备案，并签发"来往香港/澳门车辆进出境签证簿"，按照规定安装车载监管设备。车辆备案有效期与"车辆及驾驶人员进出境批准通知书"有效期一致。对于申请材料不齐全的，或者不符合法定形式的，或者车体不符合海关监管条件的，或者有其他不符合海关规定情形的，海关不予备案，申请材料退回申请人，并说明理由。

二、法规链接

《中华人民共和国海关关于来往香港、澳门公路货运企业及其车辆和驾驶员的管理办法》（海关总署令第118号）相关条款

第五条 车辆备案时，应当向进出境地的直属海关或者其授权的隶属海关提交下列文件：

（一）《来往香港/澳门货运车辆及驾驶员备案登记表》（见附件2）；

（二）《来往香港/澳门货运车辆海关验车记录表》（以下简称《验车记录表》，见附件3）或者海关认可的公安交通车检部门出具的验车报告；

（三）公安交通车管部门核发的《车辆及驾驶人员进出境批准通知书》海关联；

（四）公安交通车管部门核发的《机动车辆行驶证》（以下简称《行驶证》）复印件；

（五）符合海关要求的车辆彩色照片4张（其中，2张为车辆左前侧面45度角拍摄并可明显看见油箱和粤港/澳两地车牌；2张为后侧面45度角拍摄并可明显看见粤港/澳两地车牌，均为4×3寸）。

在香港/澳门地区办理车辆登记证明文件的进出境车辆（以下简称港/澳籍车辆），应当同时提交境外有关政府管理机构签发的车辆登记文件复印件；在内地办理车辆登记证明文件的进出境车辆（以下简称内地籍车辆），应当同时提交《机动车辆登记证书》复印件。

运载危险品的车辆，应当同时提交主管部门的批准文件复印件。

港/澳籍车辆，应当同时提交《来往香港/澳门车辆备案临时进境验车申报表》（以下简称《临时进境验车申报表》，见附件4）。

生产型企业的自用车辆，应当同时提交《自理报关企业注册登记证书》复印件。

提交本条第一款第（四）项和第二、三、五款文件复印件时，还应当同时出示原件正本供海关核对。

第六条　货运车辆应当为集装箱式货车或者集装箱牵引车，并应当符合下列条件：

（一）车辆的类型、牌名、车身颜色、发动机号码、车身号码、车辆牌号等应当与公安交通车管部门核发的证件所列内容相符。

（二）集装箱式货车的车厢监管标准应当按照《中华人民共和国海关对装载海关监管货物的集装箱及集装箱式货车车厢的监管办法》附

件 1 的有关规定执行；如有特殊需要加开侧门的，应当经海关批准，并符合海关监管要求；

（三）集装箱式货车或者集装箱牵引车应当使用海关的电子关锁，并可以安装符合海关要求的车载收发信装置；

（四）车辆的油箱和备用轮胎等装备以原车出厂时的配置为准，不得擅自改装或者加装。

三、案例启示

1. 向海关提交申请前，企业应当先行了解车辆过往使用情况，更换驾驶员或者车辆时，可对照海关规定的监管条件，对车辆的车体状况进行检查，有条件的企业可以考虑由专业技术机构对车辆车体进行检验，并由其出具检验报告供海关参考。

2. 企业对属下车辆和驾驶员负有管理责任，平时应加强对属下车辆和驾驶员的日常管理，提醒属下驾驶员遵守海关规定，不定期检查维护车辆，为通关便利创造有利条件。

案例三

涉案车辆注销备案

2010 年 6 月，深圳海关负责货运车辆备案管理工作的业务部门（下称"海关车管部门"）核查进境香港籍车辆复出境情况时发现：某货运车辆自 2010 年 2 月 10 日进境后，在内地停留时间已超过 3 个月尚未出境。经查得知该货运车辆涉毒品案被缉私部门扣留。海关车管部门立即对该车辆的备案数据进行锁定，并告知相关货运企业，在法院或者海关对车辆作出处理决定前，对该车辆不予办理更换、注销、年审等手续。2011 年 10 月，法院对该车辆作出如下判决：车辆作为走私运输工具予以没收，交由海关依法处理。2011年12月，深圳海关依法委托拍卖行公开拍卖该车辆，所得价款全部上缴国库。2012年1月，海关车管部门凭法院判决书和海关处理该车辆的相关凭证，注销该车辆备案档案，核销该车辆进境记录。

一、关键点分析

1. 来往港澳货运车辆作为载运人员、货物、物品进出境的运输载体，本身并不进出口，其在完成当次进境或出境运输任务后，本身须按原状复出境或者复进境。因故不再复出境或者复进境的，除国家另有规定外，应按进口货物办结海关手续。

2. 港/澳籍车辆应当自进入内地关境之日起3个月内复出境，特殊情况需延长停留境内时间的，经备案海关同意，可以在车辆备案有效期内予以适当延期。

3. 车辆涉案被扣留后，在人民法院判决或者海关处罚决定作出之前，海关不予办理变更备案手续，如更换车辆、注销车辆、年审等。

4. 人民法院判决没收或者海关决定没收的中国港澳籍车辆（走私运输工具）在内地被拍卖或者销毁后，视同已复出境，海关车管部门凭法院判决书或者海关行政处罚决定书，以及拍卖或者销毁凭证等，办理注销涉案车辆备案档案、核销涉案车辆进境记录等海关手续。

5. 人民法院判决没收或者海关决定没收的走私货物、物品、违法所得、走私运输工具、特制设备，由海关依法统一处理，所得价款和海关决定处以的罚款，全部上缴中央国库。

二、法规链接

（一）《海关法》相关条款

第九十二条 海关依法扣留的货物、物品、运输工具，在人民法院判决或者海关处罚决定作出之前，不得处理。但是，危险品或者鲜活、易腐、易失效等不宜长期保存的货物、物品以及所有人申请先行变卖的货物、物品、运输工具，经直属海关关长或者其授权的隶属海关关长批准，可以先行依法变卖，变卖所得价款由海关保存，并通知其所有人。

人民法院判决没收或者海关决定没收的走私货物、物品、违法所得、走私运输工具、特制设备，由海关依法统一处理，所得价款和海关决定处以的罚款，全部上缴中央国库。

（二）《中华人民共和国海关关于来往香港、澳门公路货运企业及其车辆和驾驶员的管理办法》（海关总署令第118号）相关条款

第二十条 货运车辆完成当次进境运输任务后，应当由原驾驶员驾驶原车辆复出境。因故需人、车分离出境的，应当经备案地海关或者出境地海关同意。港/澳籍进出境车辆进境后，应当在3个月内复出境；特殊情况下，经海关同意，可以在车辆备案有效期内予以适当延期。

第二十一条 已进境的港/澳籍车辆，包括集装箱牵引架、集装箱箱体，未经海关同意并办结报关纳税手续，不得在境内转让或者移作他用。

（三）《海关总署关于来往粤港澳公路货运车辆有关事项的公告》（海关总署公告2007年第55号）相关条款

……对于被法院判决没收，拍卖款项上缴国库的，海关可凭相关证明文件办理注销备案等手续……

三、案例启示

1. 港/澳籍车辆进境时，海关按"暂准进境"对待。"暂准进境"

对待的具体内容是：车辆（包括自用的正常备件、辅件、设备以及润滑油、燃料等）进境时，无论其是否装载人员、货物、物品，均应有条件地（如提供担保后）免征进口税费，免受禁止或限制进口规定的约束。暂准进境车辆除在使用时受到正常的损耗和必要的修缮及其所耗用的润滑油、燃料的补充外，必须不作任何改变，在海关规定期限内复出境。否则，除国家另有规定外，应按进出口货物办结海关手续。

2. 港/澳籍车辆应当自进入内地关境之日起 3 个月内复出境，特殊情况需延长停留境内时间的，经备案海关同意，可以在车辆备案有效期内予以适当延期。

3. 对于逾期留境车辆，海关查明原因后视具体情形分别作如下处理：

（1）对于因不可抗力在境内灭失的，车辆负责人应当及时向海关报告，同时可凭事发地政府主管部门如交通、公安等部门出具证明文件、其他相关材料如报刊报道、保险理赔等，办理相关车辆注销备案和核销进出境记录等海关手续。

（2）对于被法院/海关没收的，凭法院判决书/海关行政处罚决定书，以及其他相关文件如有关部门拍卖/销毁车辆凭证等，办理注销涉案车辆备案档案、核销涉案车辆进境记录等海关手续。

（3）对于因被盗等非不可抗力原因造成灭失的，按有关规定征收车辆进口税费后办理相关车辆注销备案和核销进出境记录等海关手续。（提示：海关以车辆灭失行为发生之日确定补征税款的税率、汇率和完税价格；车辆灭失行为发生之日不能确定的，以海关发现该行为之日确定补征税款的税率、汇率和完税价格。）

案例四

损毁车辆不再从事港澳运输注销海关备案

某港籍车辆在海关备案的有效期截止日为 2013 年 5 月 31 日。2012

年4月初，该港籍车辆完成进境运输任务后空载返回香港，在广深高速公路深圳路段发生交通事故，车辆损毁严重无法继续行驶，驾驶员亦因受伤被送往深圳某医院住院治疗。处理交通事故的交警部门将损毁车辆拖运至深圳某停车场内暂时停放。车辆负责人及时向备案海关报告了上述情况，并申请待交通事故处理完毕后再办理车辆出境手续，驾驶员则从进出境人员旅检通道出境。备案海关审阅车辆负责人提交的有关证明材料后，同意车辆负责人的上述申请，并提醒车辆负责人，若车辆在内地停留时间超过3个月的，应当办理延期留境手续。2012年4月25日，受伤驾驶员凭身份证和港澳通行证从进出境人员旅检通道出境。2012年6月初，损毁车辆凭备案海关出具的业务联系单由跨境道路清障车拖运出境。2012年7月初，车辆负责人向备案海关提交了广东省公安厅交警部门出具的注销文和更换车辆批文，以及相关文件材料，办理了注销损毁车辆和更换新车备案手续。

一、关键点分析

1. 此案例车辆在境内停留时间未超过3个月，且仍在海关备案有效期内，因此无须办理延期留境手续。

2. 此案例中，车辆负责人能够按照规定向备案海关报告并提交有关证明材料，备案海关了解相关情况后，及时作出处理决定，使得当事人能够顺利办理相关车辆和驾驶员分离出境手续，以及相关后续工作如注销损毁车辆、更换新车备案等。

3. 此案例中，车辆损毁无法行驶，实际已经处于停止营运状态。但是，在车辆出境前，按规定海关不予办理暂停或者注销手续。只有待车辆出境后，海关方予办理注销损毁车辆和更换新车备案手续。

二、法规链接

《中华人民共和国海关关于来往香港、澳门公路货运企业及其车辆和驾驶员的管理办法》（海关总署令第 118 号）相关条款

第十六条　货运企业、车辆、驾驶员在备案有效期内暂停或者停止进出境营运业务的，应当向海关报告，海关收回《签证簿》和通关证件，对有关备案资料作暂停或者注销处理。港/澳籍车辆在办结海关手续并已出境后，海关予以办理暂停或者注销手续。

第二十条　货运车辆完成当次运输后，应当由原驾驶员驾驶原车辆复出境。因故需人、车分离出境的，应当经备案地海关或者出境地海关同意。港/澳籍进出境车辆进境后，应当在 3 个月内复出境；特殊情况下，经海关同意，可以在车辆备案有效期内予以适当延期。

第二十一条　已进境的港/澳籍车辆，包括集装箱牵引架、集装箱箱体，未经海关同意并办结报关纳税手续，不得在境内转让或者移作他用。

三、案例启示

1. 港/澳籍车辆进境时，海关按"暂准进境"对待。"暂准进境"对待的具体内容是：车辆（包括自用的正常备件、辅件、设备以及润滑油、燃料等）进境时，无论其是否装载人员、货物、物品，均应有条件地（如提供担保后）免征进口税费，免受禁止或限制进口规定的约束。暂准进境车辆除在使用时受到正常的损耗和必要的修缮及其所耗用的润滑油、燃料的补充外，必须不作任何改变，在海关规定期限内复出境。否则，除国家另有规定外，应按进出口货物办结海关手续。

2. 港/澳籍车辆进境后，需在海关规定时限内复出境。因故无法靠自身动力行驶出境的，车辆负责人需及时向备案海关报告，并办理故障车辆出境手续：

（1）向备案海关说明情况，提交车辆出境申请及相关证明材料；

（2）备案海关出具车辆出境业务联系单，注明拖车和被拖运车辆基本信息；

（3）出境地海关凭备案海关出具的车辆出境业务联系单，办理拖车和被拖运车辆出境验放手续；

（4）故障车辆出境后，海关凭公安交警部门出具的注销文办理故障车辆注销和更换车辆备案手续。

第二章　承运境内海关监管货物的运输工具

承运境内海关监管货物的运输工具就是承运转关货物的运输工具。转关货物是指进口货物由进境地入境后，在海关监管下运往另一设关地点办理进口验放手续的货物；或者出口货物在启运地海关办理验放手续运往出境地，由出境地海关监管出境的货物；或者由境内一个设关地点转运到境内另一个设关地点的海关监管货物。承运转关货物的运输工具包括了海关监管车以及长江驳运船舶，这些运输工具属于国内运输，但由于其运载货物为海关监管货物而使其具有了特殊性，海关对其的管理也有一定要求。

第一节　车辆

海关对于监管车辆的经营企业、车辆本身以及车辆的驾驶员均有一定管理要求，企业经营资质、车辆结构是否符合海关监管要求，监管车辆是否妥善保管了海关封志等都是相关从业者需要重点注意的地方。

案例一

转关车辆擅自开启海关封志案

某公司使用海关监管车辆运输海关转关货物，从上海起运，指运地为南京,途经苏州时车辆被苏州交警拦下,经查,苏州交警发现该车辆超载,对该车辆进行了处罚,后要求对车辆所载货物分批运输,承运人私自损毁海关封志将货物分拆后于苏州当地租了一辆非海关监管车辆将货物运抵南京。事后海关对该运输企业及承运人按照相关的法律法规予以处罚。

一、关键点分析

1. 转关货物的运输要求:

(1) 转关货物应由已在海关注册登记的承运人承运。海关对转关限定路线范围,限定途中运输时间,承运人应当按海关要求将货物运抵指定的场所。

(2) 转关货物未经海关许可,不得开拆、提取、交付、发运、调换、改装、抵押、质押、留置、转让、更换标记、移作他用或者进行其他处置。

(3) 驾驶员应将承运的海关监管货物完整、及时地运抵指定的监管场所,并确保海关封志完好无损,未经海关许可,不得开拆。

2. 转载转关货物运输途中遇突发情况的处置方法。转关货物运输途中因交通意外等原因需更换运输工具或驾驶员的,承运人或驾驶员应通知附近海关;附近海关核实同意后,监管换装并书面通知进境地、指运地海关或出境地、启运地海关。

二、法规链接

(一)《中华人民共和国海关关于转关货物监管办法》(海关总署令第89号)

(二)**《中华人民共和国海关关于境内公路承运海关监管货物的运输企业及其车辆、驾驶员的管理办法》(海关总署令第121号)**

三、案例启示

海关监管车辆运输企业及承运人应熟悉的相关法律责任，具体有如下几个方面。

1. 运输企业、驾驶员，有下列情形之一的，由海关责令改正，可以给予警告。

（1）承运海关监管货物的车辆不按照海关指定的路线或范围行进的；

（2）承运海关监管货物的车辆到达或者驶离设立海关的地点，未按照规定向海关如实填报交验"汽车载货登记簿"或者办理核销手续的；

（3）承运海关监管货物的车辆在运输途中出现故障，不能继续行驶，需换装其他运输工具时，驾驶员或其所属企业不向附近海关或货物主管海关报明情况而无正当理由的；

（4）不按照规定接受海关对车辆及其所载货物进行查验的；

（5）遗失、损毁、涂改、转借海关核发的"载货登记簿"、"准载证"等相关证件，妨碍海关监管工作或者影响办理海关有关手续的；

（6）未经海关许可，擅自更换车辆（车辆发动机、车牌号码）、驾驶员，改装车厢、车体的；

（7）运输企业出让其名义供他人承运海关监管货物的。

2. 运输企业、驾驶员，有下列情形之一的，可以给予警告、暂停其6个月以内从事有关业务或者执业。

（1）有走私行为的；

（2）1年内有3次以上重大违反海关监管规定行为的；

（3）管理不善致使保管的海关监管货物多次发生损坏或者丢失的；

（4）未经海关许可，擅自开启或损毁海关加施于车辆的封志的；

（5）未经海关许可，对所承运的海关监管货物进行开拆、调换、改装、留置、转让、更换标志、移作他用或进行其他处理的；

（6）有其他需要暂停从事有关业务或者执业情形的。

3. 运输企业、驾驶员，有下列情形之一的，海关可以撤销其注册登记或者停止其从事有关业务。

（1）构成走私犯罪被司法机关依法处理的；

（2）1年内有2次以上走私行为的；

（3）管理不严，1年内3人次以上被海关暂停执业、取消从业资格的；

（4）因违反规定被海关暂停从事有关业务或者执业，恢复从事有关业务或者执业后1年内再次发生违反本办法规定的暂停从事有关业务或者执业情形的；

（5）其他需要撤销其注册登记或者停止从事有关业务的情形。

4. 转关货物在国内储运中发生损坏、短少、灭失情事时，除不可抗力外，承运人、货物所有人、存放场所负责人应承担税赋责任。

案例二

逾期不年审被海关注销

2010年3月，某企业向海关申请注册为承运海关监管货物的运输企业，同时注册一辆海关监管车辆，后该企业办理过海关转关业务。直至2012年5月，该企业在办理海关转关业务时发现该企业及海关监管车辆已被海关注销，不能再办理相关海关业务。经了解，该企业未在规定期限内到海关进行年审，导致转关运输企业资质被海关注销。

一、关键点分析

1. 海关对承运海关监管货物的运输企业和车辆有年审要求：

（1）海关对逾期不办理年审或年审不合格的运输企业、车辆，海关暂停其办理承运海关监管货物的手续；逾期 3 个月未年审的，海关视其自动放弃承运海关监管货物资格，并予注销，收回有关证件。

（2）运输企业、车辆年审工作于每年 5 月底前完成，海关按相关规定的资格条件进行年审。

2. 海关对承运海关监管货物的运输企业和车辆的管理方式。海关对运输企业、车辆的注册登记资料以及驾驶员的备案登记资料实行计算机联网管理。承运海关监管货物企业及驾驶员应当了解和熟悉海关相关法规及监管规定，参加海关组织的各种业务培训。

二、法规链接

《中华人民共和国海关关于境内公路承运海关监管货物的运输企业及其车辆、驾驶员的管理办法》

三、案例启示

（一）企业应了解备案注册的相关手续

1. 承运海关监管货物的运输企业，应当具备以下资格条件：

（1）从事货物运输业务 1 年以上，注册资金不低于 200 万元人民币；

（2）按照《海关法》规定，具有履行海关事务担保能力的法人、其他组织或者公民提供的担保；

（3）企业财务制度和账册管理符合国家有关规定；

（4）企业资信良好，在从事运输业务中没有违法前科。

2. 承运海关监管货物的车辆应为厢式货车或集装箱拖头车，经海关批准也可以为散装货车。上述车辆应当具备以下条件：

（1）用于承运海关监管货物的车辆，必须为运输企业的自有车辆，其"机动车辆行驶证"的车主列名必须与所属运输企业名称一致；

（2）厢式货车的厢体必须与车架固定一体，厢体必须为金属结构，无暗格，无隔断，具有施封条件，车厢连接的螺丝均须焊死，车厢两车门之间须以钢板相卡，保证施封后无法开启；有特殊需要，需加开侧门的，须经海关批准，并符合海关监管要求；

（3）集装箱拖头车必须承运符合国际标准的集装箱；

（4）散装货车只能承运不具备加封条件的大宗散装货物，如矿砂、粮食及超大型机械设备等；

（5）从事特种货物运输的车辆须递交主管部门的批准证件。

3. 承运海关监管货物的驾驶员应当符合以下条件：

（1）具有中华人民共和国居民身份证；

（2）为运输企业职工；

（3）没有违法犯罪前科；

（4）遵守海关的有关管理规定。

（二）企业应了解变更及注销的相关手续

1. "注册登记证书"、"汽车载货登记簿"、"准载证"等相关证件需更新的，可凭原件向注册地海关申请换发新证、簿；如上述证、簿损毁、遗失或被盗的，经注册地海关审核情况属实的，予以补发。

2. 运输企业、车辆、驾驶员不再从事海关监管货物运输业务的，应向注册地海关交回"注册登记证书"、"汽车载货登记簿"、"准载证"等相关证件，办理手续。

3. 车辆更换（包括更换车辆、更换发动机、更换车辆牌照号码）、改装车体等，应按规定重新办理注册登记手续。

第二节　船舶

海关监管的长江驳运船舶的经营企业、船舶需要经海关备案后才能从事相关的经营。海关对驳运船舶的管理与国际航行船舶不同，但是在运载海关监管货物过程中遇到情况要及时向海关汇报，避免因对政策不了解而导致违规，下面的案例就是这样的情况。

案例

海关监管船舶未经海关同意混装非海关监管货物

某驳船自上海口岸承运海关监管货物至南通口岸，南通外轮理货公司在船舶抵达南通集装箱码头后对其所转载的集装箱进行理货，理货时发现该船舶所运输的 200 个集装箱，其中有 50 个集装箱所装载货物为非海关监管货物，南通外轮理货公司及时向海关通报此类情况，经南通海关核查，该驳船在从上海驶往南通途中停靠了张家港某内贸码头，顺带将 50 个内贸集装箱货物运至南通。该行为违反了海关相关法规，南通海关依法对该驳船经营人进行处理。

一、关键点分析

1. 驳船的承运范围：

（1）经营进出口货物转运业务的驳船，必须具备海关加封条件的货仓，符合海关监管条件，并由船方或其代理人向船籍港海关申请登记。不符合海关监管条件的，海关不予批准。

（2）符合条件的船舶方可承运海关监管货物。

2. 内外贸货物同船运输要求。港口企业、船运公司拟开展同船运输试点业务，需事先分别向主管地直属海关提出书面申请，试点期间主管地海关参照海关对监管场所及承运海关监管货物的运输工具监管的相关要求，对申请企业及其监管场所和船舶进行认真审核，并实地考察，提出是否同意开展同船运输试点业务的书面答复意见。港口企业和船运公司根据海关审核同意的意见向交通部提出开展同船运输试点业务的备案申请，主管地直属海关凭交通部核准备案的文件，为其办理备案登记相关手续后，准予开展同船运输的试点业务。

二、法规链接

（一）《关于开展内外贸集装箱同船运输以及中国籍国际航行船舶承运转关运输货物试点工作》（海关总署公告2005年第3号）

（二）《海关对长江驳运船舶转运进出口货物的管理规定》实施细则（海关总署〔85〕署货字第1097号文）

（三）《海关对长江驳运船舶转运进出口货物的管理规定》（海关总署〔84〕署货字1089号文）

三、案例启示

1. 驳船在同一航次中，未经海关同意不得将"海关监管货物"与非海关监管货物同舱混装。

2. 驳船在承载海关监管货物期间，未经海关同意，不得在未设海关港口加载、装卸货物。

3. 驳船装载的进出口货物，在运输途中如遇水损或发生意外事故，船方应向指运地海关书面地报告。

第三章　用于装载海关监管货物的集装箱和集装箱式货车

集装箱也是一种运输工具，普遍使用于国际贸易间的运输，集装箱的种类很多，有干货箱、开顶箱、冷藏箱、槽罐箱等，制作材料也有好几种，比如钢制的、铝制的、玻璃制的等。对用于装载海关监管货物的集装箱，海关对其进出境、调拨、报废都要进行管理。

案例

自备箱进境后不复出境未向海关申报案

2011年，江苏某制纸有限公司以集装箱方式进口大批量的生产设备，设备进口后，该公司并未将原装载设备的集装箱复运出境。经调查，该批随货物进境的集装箱由发货方购置，作为该制纸有限公司进口设备的包装物随设备一起进口，并非国际间流转的作为装载工具的集装箱。海关对该批集装箱进行补税处理，并对承运人的申报不实情况按照海关的相关法律法规予以处罚。

一、关键点分析

1. 集装箱及其所装货物的进出境须向海关申报。承载集装箱的运输工具在进出境时，承运人、营运人或者其代理人应当向海关如实申报并递交载货清单（舱单）。载货清单（舱单）上应当列明运输工具名称、航（班）次号或者集装箱式货车车牌号、国籍、卸货港口，集装箱箱号或者集装箱式货车车厢号、尺寸、总重、自重，以及箱（厢）体内装载货物的商品名称、件数、重量，经营人、收发货人、提（运）单或者装货单号等有关内容。

2. 暂时进出境集装箱的海关手续。暂时进境的集装箱应于入境之日起6个月内复运出境。如因特殊情况不能按期复运出境的，营运人应当向暂时进境地海关提出延期申请，经海关核准后可以延期，但延长期最长不得超过3个月，逾期应按规定向海关办理进口及纳税手续。

二、法规链接

《中华人民共和国海关对用于装载海关监管货物的集装箱和集装箱式货车车厢的监管办法》（海关总署令第110号）

三、案例启示

1. 承运人对集装箱进出境的申报要求。承运人、营运人或者其代理人应当向海关如实申报并递交载货清单（舱单），应当按照海关规定向海关传输相关载货清单（舱单）的电子数据。电子数据应当规范、准确，并与所交验的纸质载货清单（舱单）的有关内容一致。所传输的电子数据与纸质单证均具有法律效力。

2. 收货人应了解清楚装载货物的集装箱的性质。如果装载货物的集装箱是收发货人向箱东或运输单位租赁使用的，使用完毕后应及时归还集装箱所有人，如果装载货物的集装箱由发货人自行购买仅用于该批货物的承运，且发货后不再对集装箱主张物权（换句话说就是送给收货人），收货人应该按货物报关的方式办理集装箱的进口纳税手续。

第四章 舱单

进出境运输工具舱单（以下简称舱单）是指反映进出境运输工具所载货物、物品及旅客信息的载体，包括原始舱单、预配舱单、装（乘）载舱单。进出境运输工具载有货物、物品的，舱单内容应当包括总提（运）单及其项下的分提（运）单信息。其中，原始舱单是指舱单传输人向海关传输的反映进境运输工具装载货物、物品或者乘载旅客的信息的舱单，预配舱单是指反映出境运输工具预计装载货物、物品或者旅客信息的舱单，装（乘）载舱单是指反映出境运输工具实际配载货物、物品或者旅客信息的舱单。

第一节 进口舱单

进口舱单是反映进境运输工具所载货物、物品及旅客信息的载体，主要是舱单传输人向海关传输的原始舱单。海关接受原始舱单主要数据传输后，收货人、受委托报关企业方可向海关办理货物、物品的申报手续。

案例一

进口舱单重量数据传输不准确案

2012年12月12日，某报关公司匆匆找到江阴海关，其代理A某公司进口的2 000.32吨苯乙烯报关后总是被退单,而此时A公司急需该批货物投入生产。海关查核后发现,导致退单的原因是进口舱单数量不足,仅为200.032吨。原来,运输进口货物的船舶在2012年12月7日到达江阴卸货,当事人江阴某船舶代理公司系该轮此航次的船舶代理,其舱单录入员小李由于工作失误,将货物数量2 000 320公斤误录入为200 032公斤,复核时又没有仔细核对,导致货代公司申报的报关单核注不到进口舱单。海关认定当事人传输的电子数据不准确,影响了海关的监管,构成违规,海关对其作出警告并科处罚款人民币1 000元的行政处罚决定。

案例二

进口舱单无效电子数据未删除案

2013年1月,江阴海关在进行舱单数据库的月度清理时发现,有一票2012年12月3日进境的1 990.65吨1,4—丁二醇未有报关单核注信息。经查,该票货物在承运船舶抵达后,商检公司卸货前做品质快速检验时发现,该货物一项指标偏高,国内收货人拒绝收货,最终该票进口货物随原船驶离江阴。而此前,当事人江阴某船舶代理公司已按规定传输进境舱单,货物未卸后,船代未及时向海关申请舱单删除,导致舱单滞留。鉴于当事人以往已发生多次类似错误,海关认定其传输的电子数据不准确,影响了海关的监管,构成违规,海关对其作出警告并科处罚款人民币1 000元的行政处罚决定。

一、关键点分析

1. 进出境运输工具负责人、无船承运业务经营人、货运代理企业、船舶代理企业、邮政企业以及快件经营人属于舱单电子数据传输义务人。海关监管场所经营人、理货部门、出口货物发货人属于舱单相关电子数据传输义务人。

2. 未按照规定期限向海关传输舱单等电子数据、传输的电子数据不准确或者未按照规定期限保存相关电子数据，影响海关监管的，由海关定性违规，予以警告，并可以处人民币 5 万元以下罚款，有违法所得的，没收违法所得。

二、法规链接

（一）《中华人民共和国海关行政处罚实施条例》相关条款

第二十二条　有下列行为之一的，予以警告，可以处 5 万元以下罚款，有违法所得的，没收违法所得：

……

（四）未按照规定期限向海关传输舱单等电子数据、传输的电子数据不准确或者未按照规定期限保存相关电子数据，影响海关监管的；

……

（二）《中华人民共和国海关进出境运输工具舱单管理办法》相关条款

第九条　进境运输工具载有货物、物品的，舱单传输人应当在下列时限向海关传输原始舱单主要数据：

（一）集装箱船舶装船的 24 小时以前，非集装箱船舶抵达境内第一目的港的 24 小时以前；

……

舱单传输人应当在进境货物、物品运抵目的港以前向海关传输原始舱单其他数据。

海关接受原始舱单主要数据传输后，收货人、受委托报关企业方可向海关办理货物、物品的申报手续。

第十四条　海关应当将原始舱单与理货报告进行核对，对二者不相符的，以电子数据方式通知运输工具负责人。运输工具负责人应当在卸载货物、物品完毕后的48小时以内向海关报告不相符的原因。

三、案例启示

（一）需要传输舱单的进出境运输方式

1. 船舶。

（1）进出境国际航行船舶。进出境国际航行船舶是指进出我国关境在国际运营的境内船舶和境外船舶。

（2）来往港澳小型船舶。来往港澳小型船舶是指经交通部或其他授权部门批准，专门来往于内地和香港、澳门之间，在境内注册从事货物运输的机动或者非机动船舶。

（3）非进出境的从事承运监管货物的船舶。其包括内支线船舶、从事承运海关监管货物的长江驳运船舶、从事国际运营期间的兼营船舶、从事内外贸同船运输的船舶等。

2. 航空器。

指国际民航机，一切进出国境的民用航空器。

3. 铁路列车。

指进出关境的机车、客车、货车、邮政车、行李车、发电车、守车和轨道车等。

4. 公路车辆。

指进出我国关境的用于载运货物、物品及旅客的境内车辆和外籍车辆，以及来往内地与香港、澳门间的车辆。

（二）传输舱单的责任人

海关将舱单数据传输的传输人分为两类，即舱单数据传输人和舱单相关数据的传输人。

1. 舱单数据传输人。

舱单传输人是指包括进出境运输工具负责人、无船承运业务经营人、货运代理企业、船舶代理企业、邮政企业以及快件经营人等。

其中，运输工具负责人是指，进出境运输工具的所有企业、经营企业，船长、机长、汽车驾驶员、列车长，以及上述企业或者人员授权的代理人。

2. 舱单相关数据的传输人。

国际物流在进出境作业环节所产生的运抵、分拨分流、理货和结关等作业，需要向海关提供电子数据，海关将此类数据称为与舱单相关的数据。运输工具负责人、监管场所经营人、理货部门和发货人等需要将多种渠道的物流信息和流向，发送给海关，海关将这些信息与舱单相互校验、印证，这些相关数据包括运抵报告、分拨分流申请、理货报告和结关申请等。海关将此类数据的传输人称为与舱单相关的数据传输人。

（1）运抵报告数据的传输人：海关监管场所经营人。简单来说，运抵报告是指出口货物运抵监管场所后，监管场所经营人传输的入场记录，经营企业在出口报关单申报时必须有货物的运抵报告，才能进行正常申报及进行现场递单。

（2）理货报告数据的传输人：理货部门和海关监管场所经营人。理货报告有两个传输人，理货部门为第一传输人，如理货部门无法传输，监管场所经营人作为第二传输人向海关传输理货报告。

（3）分拨、分流申请的传输人：监管场所经营人。

（4）分拨、分流运抵报告的传输人：监管场所经营人。

（5）结关申请的传输人：运输工具的负责人。

（6）装箱清单数据的传输人：出口货物的发货人。

（三）舱单传输人的备案

舱单传输人、监管场所经营人、理货部门、出口货物发货人应当向其经营业务所在地直属海关或者经授权的隶属海关备案，备案时按类型提交以下（提交复印件的，应当提供正本供海关验核）单证（详见表4－1）：

表4－1　备案登记表

海关编号：□□□□□□□□□□□

单位全称	（中文）	简称	
	（英文）		
备案类型	□舱单传输人	□理货报告提交人	□运抵报告提交人
单位类型	□进出境运输工具负责人或其代理人 □相关主管部门批准营运资格企业 □其他签发提（运）单资格企业	□理货公司 □监管场所经营人 □其他	□疏港分流运抵 □分拨运抵
传输类型	□总提（运）单 □分提（运）单 □旅客舱单 □其他＿＿＿＿＿	□原始舱单 □预配舱单 □装载舱单	□运输工具理货报告 □拼箱理货报告 □装箱清单
运输方式	□船舶　□航空器　□铁路列车　□公路车辆　□其他＿＿＿＿＿		
联系人	姓　名	联系方式	
其他	组织机构代码	行业批准文号	
	税务登记证代码	企业国际通用代码及授予组织	
提交单证	□提（运）单和装货单的样本； □企业公章以及相关业务印章的印模； □行政主管部门核发的许可证件或者资格证件的复印件； □海关需要的其他文件。		

续表

海关批注栏	备案意见	复核意见
	办理情况：	

1. 航空地面代理企业备案，应提交的单证如下：

（1）备案登记表；

（2）提（运）单的样本；

（3）企业印章及相关业务印章的印模；

（4）行政主管部门核发的许可证件或者资格证件的复印件；

（5）"中华人民共和国组织机构代码证"复印件；

（6）营业执照（正副本）复印件；

（7）航空公司授权的委托书和地面代理协议复印件；

（8）海关需要的其他文件。

2. 航空货运代理企业备案，应提交的单证如下：

（1）备案登记表；

（2）提（运）单的样本；

（3）企业印章及相关业务印章的印模；

（4）国际货物运输代理企业批准证书复印件；

（5）"中华人民共和国组织机构代码证"复印件；

（6）营业执照（正副本）复印件；

（7）海关需要的其他文件。

3. 境内航空运输企业备案，应提交的单证如下：

（1）备案登记表；

（2）提（运）单的样本；

（3）企业印章及相关业务印章的印模；

（4）公共航空运输企业经营许可证（复印件）；

（5）"中华人民共和国组织机构代码证"复印件；

（6）"营业执照"（正副本）复印件；

（7）海关需要的其他文件。

4. 境外航空运输企业备案，应提交的单证如下：

（1）备案登记表；

（2）提（运）单的样本；

（3）企业印章及相关业务印章的印模；

（4）行政主管部门核发的许可证件或者资格证件的复印件；

（5）"中华人民共和国组织机构代码证"复印件；

（6）经营许可复印件；

（7）外国企业常驻代表机构登记证复印件；

（8）境外航空运输企业总部法定代表人或者经其书面授权人员签发的申请书；

（9）海关需要的其他文件。

5. 空运监管场所经营人备案，应提交的单证如下：

（1）备案登记表；

（2）企业印章及相关业务印章的印模；

（3）行政主管部门核发的许可证件或者资格证件的复印件；

（4）"中华人民共和国组织机构代码证"复印件；

（5）"中华人民共和国海关监管场所注册登记证书"复印件；

（6）海关需要的其他文件。

6. 船舶代理公司备案，应提交的单证如下：

（1）备案登记表；

（2）提（运）单和装货单的样本；

（3）企业印章及相关业务印章的印模；

（4）行政主管部门核发的许可证件或者资格证件的复印件；

（5）"中华人民共和国组织机构代码证"复印件；

（6）营业执照（正副本）复印件；

（7）海关需要的其他文件。

7. 船舶负责人备案，应提交的单证如下：

（1）备案登记表；

（2）提（运）单和装货单的样本；

（3）企业印章及相关业务印章的印模；

（4）行政主管部门核发的许可证件或者资格证件的复印件；

（5）"中华人民共和国组织机构代码证"复印件；

（6）营业执照（正副本）复印件；

8. 海运监管场所经营人备案，应提交的单证如下：

（1）备案登记表；

（2）行政主管部门核发的许可证件或者资格证件的复印件；

（3）海关需要的其他文件。

9. 理货部门备案，应提交的单证如下：

（1）备案登记表；

（2）行政主管部门核发的许可证件或者资格证件的复印件；

（3）"中华人民共和国组织机构代码证"复印件；

（4）营业执照（正副本）复印件；

（5）海关需要的其他文件。

10. 无船承运人备案，应提交的单证如下：

（1）备案登记表；

（2）提（运）单和装货单的样本；

（3）企业印章及相关业务印章的印模；

（4）行政主管部门核发的许可证件或者资格证件的复印件；

（5）"中华人民共和国组织机构代码证"复印件；

（6）营业执照（正副本）复印件；

（7）海关需要的其他文件。

（四）货物、物品原始舱单传输的时限要求

进境运输工具载有货物、物品的，舱单传输人应当在规定的时限向海关传输原始舱单主要数据，采用不同运输方式的规定时限不一样的。舱单传输人应当在进境货物、物品运抵目的港以前向海关传输原始舱单其他数据。

1. 船舶运输的：

（1）集装箱货物，在开始装船的24小时以前；

（2）非集装箱货物，在抵达境内第一目的港的24小时以前；

（3）集装箱货物与非集装箱货物混装的，应当按照第（1）、（2）项分别传输；

（4）来往港澳小型船舶承载的货物，在开始装载货物的2小时以前；

（5）调拨进境的空箱，在船舶抵达目的港以前；

（6）临时计划转运货物进境，由进境地海关审核同意后，可在船舶抵港以前；

（7）进境航程24小时以内的近洋运输非集装箱船舶，在船舶抵达境内第一目的港以前；

（8）集装箱货物经境外港口转运的，在最后一个境外转运港装船的24小时以前。

2. 航空运输的：航程4小时以下的，航空器起飞前；航程超过4小时的，航空器抵达境内第一目的港的4小时以前。

3. 铁路运输的：铁路列车抵达境内第一目的站的2小时以前。

4. 公路运输的：公路车辆抵达境内第一目的站的1小时以前。

（五）接受到海关反馈信息后的处置

当海关接收原始舱单及相关数据后，海关以电子数据方式向舱单传输人反馈审核结果。反馈结果包括接受、不接受及原因、不准予装载、

不准予卸载、待海关人工审核等审核结果。海关因故无法以电子数据方式通知的，以传真、电话、当面通知等方式通知舱单传输人。

1. 海关反馈审核结果是接受的，表示海关接受和审核原始舱单及相关数据未见异常，传输人不需要做任何处置。

2. 海关反馈审核结果是不接受及原因的，表示海关审核原始舱单及相关数据发现异常并说明原因，传输人应当根据原因进行核查、更正，并重新传输舱单数据。

3. 海关反馈审核结果是不准予装载的，表示海关审核原始舱单及相关数据所装载货物、物品等不符合国家管理规定，运输工具不得装载此类货物、物品等。

4. 海关反馈审核结果是不准予卸载的，表示海关审核原始舱单及相关数据所装载货物、物品等不符合国家管理规定，运输工具不得卸载此类货物、物品等。

5. 海关反馈审核结果是待海关人工审核等审核结果的，表示海关审核原始舱单及相关数据存在不确定的情况，传输人应当耐心等待审核结果。

（六）海关接收舱单传输时间点的计算

集装箱船舶装船的 24 小时以前，非集装箱船舶抵达境内第一目的港的 24 小时以前应当向海关传输原始舱单主要数据。海关确认接受舱单传输的两个时间点：一是进口舱单电子数据的传输时间是以海关接受原始舱单主要数据传输的时间为准；二是出口舱单电子数据的传输时间是以海关接受预配舱单电子数据传输的时间为准。

海关接受舱单申报时间，并非舱单申报人发送数据时间。目前，海关舱单系统设计流程是接收舱单申报人传输数据后，首先运用计算机进行数据的完整性校验和逻辑校验后，海关计算机自动发送接受舱单申报回执。在这里，海关计算机发出确认接受申报时间才是海关接受舱单传输的时间。

（七）进口舱单的关注点

1. 海关发现原始舱单中列有我国禁止进境的货物、物品，可以通知运输工具负责人不得装载进境。对于海关反馈审核结果是不准予装载或不准予卸载的，舱单传输人应当及时通知运输工具负责人不给予装载或卸载。

2. 如果运输工具负责人故意装载或卸载此类货物、物品等，违反《中华人民共和国海关进出境运输工具舱单管理办法》，构成走私行为、违反海关监管规定行为或者其他违反海关法行为的，由海关依照《海关法》和《中华人民共和国海关行政处罚实施条例》的有关规定予以处理；构成犯罪的，依法追究刑事责任。

3. 进口舱单录入的准确性关系到后续报关的准确，否则极易产生进口超期未核注舱单、进口已核注未核销舱单、进口已核销未核净舱单等异常数据。

第二节　出口舱单

出口舱单是反映出境运输工具所载货物、物品及旅客信息的载体，主要是舱单传输人向海关传输的预配舱单和装（乘）载舱单。海关接受预配舱单主要数据传输后，发货人、受委托报关企业方可向海关办理货物、物品的申报手续。

案例

未在规定期限内向海关传输出口舱单电子数据案

某轮于 2011 年 5 月 7 日到达连云港装货，2011 年 5 月 17 日离港。

当事人连云港某船舶代理公司系该轮此航次的船舶代理，由于工作失误，当事人未在规定期限内向海关传输该轮的舱单电子数据。直至2011年6月12日，当事人才向连云港海关申请补录该轮本航次的出口舱单电子数据。2011年7月，连云港海关认定当事人未按照规定期限向海关传输舱单电子数据、影响了海关的监管，构成违规，对其作出警告并科处罚款人民币1 000元的行政处罚决定。

一、关键点分析

1. 超过规定时限传输舱单及相关电子数据，或者未按照其他有关规定传输舱单及相关电子数据的，海关可以暂不予办理运输工具进出境申报手续。

2. 未按照规定期限向海关传输舱单等电子数据、传输的电子数据不准确或者未按照规定期限保存相关电子数据，影响海关监管的，由海关定性违规，予以警告，并可以处人民币5万元以下罚款，有违法所得的，没收违法所得。

二、法规链接

（一）《中华人民共和国海关行政处罚实施条例》相关条款

第二十二条　有下列行为之一的，予以警告，可以处5万元以下罚款，有违法所得的，没收违法所得：

……

（四）未按照规定期限向海关传输舱单等电子数据、传输的电子数据不准确或者未按照规定期限保存相关电子数据，影响海关监管的。

（二）《中华人民共和国海关进出境运输工具舱单管理办法》相关条款

第四条　进出境运输工具负责人、无船承运业务经营人、货运代理企业、船舶代理企业、邮政企业以及快件经营人等舱单电子数据传输义务人应当按照海关备案的范围在规定时限向海关传输舱单电子数据。

……

第二十一条　出境运输工具预计载有货物、物品的，舱单传输人应当在办理货物、物品申报手续以前向海关传输预配舱单主要数据。

海关接受预配舱单主要数据传输后，舱单传输人应当在下列时限向海关传输预配舱单其他数据：

（一）集装箱船舶装船的 24 小时以前，非集装箱船舶在开始装载货物、物品的 2 小时以前；

（二）航空器在开始装载货物、物品的 4 小时以前；

（三）铁路列车在开始装载货物、物品的 2 小时以前；

（四）公路车辆在开始装载货物、物品的 1 小时以前。

出境运输工具预计载有旅客的，舱单传输人应当在出境旅客开始办理登机（船、车）手续的 1 小时以前向海关传输预配舱单电子数据。

……

第二十三条　舱单传输人应当在运输工具开始装载货物、物品的 30 分钟以前向海关传输装载舱单电子数据。

装载舱单中所列货物、物品应当已经海关放行。

三、案例启示

（一）货物、物品预配舱单传输

预配舱单是指反映出境运输工具预计装载货物、物品或者乘载旅客信息的载体也是指船代公司依据出口公司订舱信息生成的预配舱单数据，预配舱单的报文与进口舱单、出口清洁舱单的报文格式一样，并向海关提前发送。海关在企业报关时，验核报关单对应的预配舱单数据，无误后办理相关通关手续。

预配舱单是报关单进行核销的重要数据，其确保了报关单和出口货物一一对应，如果舱单数据和报关单数据不一致，将影响货物出境以及后面的核销退税等环节。

货物、物品预配舱单传输的时限要求：

1. 预配舱单主要数据的传输时限：出境运输工具预计载有货物、物品的，舱单传输人应当在办理货物、物品申报手续以前向海关传输预配舱单主要数据。

2. 预配舱单其他数据的传输时限：海关接受预配舱单主要数据传输后，舱单传输人应当在下列时限向海关传输预配舱单其他数据：

（1）集装箱船舶装船的 24 小时以前；

（2）非集装箱船舶在开始装载货物、物品的 2 小时以前；

（3）同一船舶载有集装箱货物和非集装箱货物进境的，应当按照第（1）、（2）项分别传输；

（4）来往港澳小型船舶在开始装载货物、物品的 4 小时以前；

（5）调拨出境的空箱，在空箱装船的 2 小时以前；

（6）临时计划转运货物出境，在转运货物出境装船前 2 小时以前；

（7）航空器在开始装载货物、物品的 4 小时以前；

（8）铁路列车在开始装载货物、物品的 2 小时以前；

（9）公路车辆在开始装载货物、物品的 1 小时以前。

（二）货物、物品出口舱单传输的注意点

1. 过境货物，舱单及相关电子数据传输人应当按照《中华人民共和国海关进出境运输舱单管理办法》的规定传输出境舱单及相关电子数据。

2. 通运货物，舱单及相关电子数据传输人暂不需传输舱单及相关电子数据。

3. 出口转关货物，除装箱清单外，舱单及相关电子数据传输人应当向出境地海关传输舱单及相关电子数据。

4. 未载有货物、物品的运输工具，不需向海关传输舱单及相关电子数据。

第三节　舱单变更

舱单数据传输后，可能因运输工具负责人、监管场所经营人、舱单相关数据传输人、数据传输途径等原因产生种种需要变更的情况；此外，为保证数据的真实有效，舱单也必须变更。

案例

进口舱单装货港变更不准确案

某轮于 2013 年 4 月 7 日到达江阴卸货，当事人江阴某船舶代理公司系该轮此航次的船舶代理，由于工作失误，当事人将装货港录入错误。后又在未仔细核对的情况下，仍然以错误的装货港向海关提出变更申请，导致后续无法适用优惠税率。海关认定当事人传输的电子数据不准确，影响了海关的监管，构成违规，对其作出警告并科处罚款人民币 1 000 元的行政处罚决定。

一、关键点分析

1. 舱单变更的方式主要有直接准予变更和海关审核变更两种。已经传输的舱单电子数据需要变更的，舱单传输人可以在原始舱单和预配舱单规定的传输时限以前直接予以变更；在原始舱单和预配舱单规定的传输时限后，需经海关审核同意，方可进行变更。

2. 无论何种变更方式，都应以准确为前提。

二、法规链接

（一）《中华人民共和国海关行政处罚实施条例》相关条款

第二十二条　有下列行为之一的，予以警告，可以处 5 万元以下罚款，有违法所得的，没收违法所得：

……

（四）未按照规定期限向海关传输舱单等电子数据、传输的电子数据不准确或者未按照规定期限保存相关电子数据，影响海关监管的；

……

（二）《中华人民共和国海关进出境运输工具舱单管理办法》相关条款

第三十条　已经传输的舱单电子数据需要变更的，舱单传输人可以在原始舱单和预配舱单规定的传输时限以前直接予以变更，但是货物、物品所有人已经向海关办理货物、物品申报手续的除外。

舱单电子数据传输时间以海关接受舱单电子数据变更的时间为准。

第三十一条　在原始舱单和预配舱单规定的传输时限后，有下列情形之一的，舱单传输人向海关递交舱单变更书面申请，经海关审核同意后，可以进行变更：

（一）货物、物品因不可抗力灭失、短损，造成舱单电子数据不准确的；

（二）装载舱单中所列的出境货物、物品，因装运、配载等原因造成部分或者全部货物、物品退关或者变更运输工具的；

（三）大宗散装货物、集装箱独立箱体内载运的散装货物的溢短装数量在规定范围以内的；

（四）其他客观原因造成传输错误的。

第三十二条　按照本办法第三十七条的规定处理后，需要变更舱单电子数据的，舱单传输人应当按照海关的要求予以变更。

第三十三条　舱单传输人向海关申请变更货物、物品舱单时，应当提交下列文件：

（一）舱单变更申请表；

……

三、案例启示

（一）舱单变更的方式

1. 直接准予变更。

已经传输的舱单电子数据需要变更的，舱单传输人可以在原始舱单和预配舱单规定的传输时限以前直接予以变更，这种变更也称为自动变更。

自动变更是舱单传输人无需海关同意，可以直接对已传输的舱单进行变更。其前提是在原始舱单和预配舱单规定的传输时限以前，但是货物、物品所有人已经向海关办理货物、物品申报手续的除外。目的是为了鼓励舱单传输人在规定时间内主动纠正舱单数据，帮助海关在准确、完整、真实的舱单数据基础上提高风险管理的成效。

自动变更主要是为了鼓励提前申报舱单。有两层含义：一是在海关规定允许自由变更的时限内变更，二是采用重新发送正确舱单数据的方式覆盖原传输数据。

自动变更的条件：第一，只能对原始舱单和预配舱单进行变更。第二，只能在规定的原始舱单、预配舱单传输时限以前。第三，货物、物品的所有人未向海关办理货物、物品申报手续的。

以下情形的，直接准予变更：

（1）在《中华人民共和国海关进出境运输工具舱单管理办法》规定

的原始舱单主要数据传输时限以前,且原始舱单未被申报单证核注的;

(2) 在进境货物、物品运抵卸货港前向海关传输的原始舱单其他数据,且原始舱单未被申报单证核注的;

(3) 在《中华人民共和国海关进出境运输工具舱单管理办法》规定的预配舱单主要数据传输时限以前,且预配舱单未被申报单证核注的;

(4) 在航空器开始装载货物、物品的4小时以前,在集装箱船舶装船的24小时以前,非集装箱船舶在开始装载的2小时以前向海关传输,且预配舱单未被申报单证核注的。

2. 海关审核变更。

也称为依申请变更,就是在原始舱单和预配舱单规定的传输时限后,由于超出舱单传输人控制能力的客观原因,造成舱单传输错误,舱单传输人可以向海关提出申请变更舱单,经海关审批同意后,由海关进行更改。目的是为了保障舱单传输人的合法权益,明确舱单数据传输不准确的免责情况。

有下列情形之一的,舱单传输人向海关递交舱单变更书面申请,经海关审核同意后,可以进行变更。

(1) 货物、物品因不可抗力灭失、短损,造成舱单电子数据不准确的;

(2) 装载舱单中所列的出境货物、物品,因装运、配载等原因造成部分或者全部货物、物品退关或者变更运输工具的;

(3) 大宗散装货物、集装箱独立箱体内载运的散装货物的溢短装数量在规定范围以内的;

(4) 其他客观原因造成传输错误的。

3. 处罚及处罚后变更。

处罚后变更是舱单传输人未在规定时限内申报舱单数据或申报的舱单数据不真实,并且不能举证其行为可适用于《中华人民共和国海关进出境运输工具舱单管理办法》第三十一条所列的免责条款，海关认定其行为违反了该办法的规定，海关应按办法第三十七条给予舱单传输人处罚，并在需要变更舱单的情况下，对舱单中不实之处予以纠正。

（二）舱单变更应提交的单证

舱单传输人向海关申请变更货物、物品舱单时，应当提交下列文件：

1. 舱单变更申请表（详见表4-2）；

表4-2　舱单变更申请表

海关编号：□□□□□□□□□□□□□

变更舱单类型	□原始舱单　　□预配舱单　　□装载舱单　　□其他			
变变更数据类型	□总提（运）单　　□分提（运）单　　□旅客舱单　　□其他			
运输工具情况	运输工具名称（中文）	运输工具名称（英文）	航次	进/出港时间
需变更舱单	总提（运）单号		分提（运）单号	
变更项目	项目	代码	更改前内容	更改后内容
变更原因	□货物因不可抗力灭失、短损，造成舱单数据不准确； □装载舱单中的出口货物，由于装运、配载等原因造成部分或者全部货物退关、变更运输工具； □大宗散装货物溢短装数量在规定范围之内； □集装箱载运的散装货物，独立箱体内溢短装数量在规定范围之内； □由于计算机、网络系统等方面原因导致传输舱单数据错误； □已经接受海关处罚，申请变更； □其他原因（请简要说明或附表说明）。_____			

续表

随附单据	☐签发的提（运）单（副本、复印件）； ☐加盖有舱单传输人印章的正确的纸质舱单； ☐行政处罚决定书（正本、复印件）； ☐其他能够证明舱单更改合理性的文件：①_____ ②_____ ③_____ ④_____	
批注栏	企业签章栏： 本公司保证以上更正内容真实、正确、有效，否则由此更正所引起的一切后果、责任及费用由我司承担。	海关批注： 初核： 复核： 办理情况：

2. 提（运）单的复印件；

3. 加盖有舱单传输人公章的正确的纸质舱单；

4. 其他能够证明舱单变更合理性的文件。

提交复印件的，应当同时出示原件供海关验核。

（三）舱单变更的注意事项

1. 预配或原始舱单中总提单的货物重量未被项下分提（运）单核销核尽的，申请修改总提（运）单货物重量时，无须向海关申请反核注对应提单。舱单传输人可以向海关申请人工变更总提（运）单货物重量，修改后的总提（运）单货物重量不得小于已被报关单证核注的重量。除上述情形外，对已核注的提（运）单申请更改的，由海关对提单进行反核注后再办理舱单变更手续。

2. 对被报关单证核注的总（分）提（运）单提出删除申请的，需由海关在对相应提单反核注后再办理舱单删除手续。不得对货物、物品已实际进境的原始舱单电子数据提出删除申请，不得对货物、物品已实际装船离境的预配舱单电子数据提出删除申请。

3. 对申请进境运输工具需要更改原始舱单中卸货港内容的，由实际卸货港海关办理舱单更改手续。运输工具负责人未向实际卸货港海关申报载货运输工具动态的，不得对该运输工具上所载运货物的舱单提出变更申请。原始舱单已被核注的，在原卸货港海关申请办理反核注手续后再由实际卸货港海关办理舱单变更手续。并且，申请人应以总运单为单位，到海关办理舱单卸货港内容变更手续。

海关监管场所篇

第一章　海关监管场所的设立

海关监管场所是指进出境运输工具或者境内承运海关监管货物的运输工具进出、停靠，以及从事进出境货物装卸、储存、交付、发运等活动，办理海关监管业务，符合海关设置标准的特定区域。海关依据《海关法》及其他有关法律、法规，对运输工具、货物、物品的进出境活动实施监管，并在特定的区域即海关监管场所内行使监管权。海关对监管场所的管理作为海关监管业务的组成部分和物流监控的一个重要环节，与海关对运输工具、货物和物品的监管业务是相互联系、不可分割的。

第一节　监管场所的设立

监管场所的设立具体包括申请、验收、注册、变更、延续、注销等手续。经营海关监管货物、物品仓储存放业务的企业，应当经海关注册，并按照海关规定，办理收存、交付等手续。

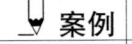

场所租赁期不符条件的案例

2009年6月，某企业向江阴海关申请设立海关监管场所，递交

"中华人民共和国海关监管场所注册登记申请书"及相关书面材料。海关在审核其场地使用权租赁协议时发现仅为3年,不符合"租期不得少于5年"的要求,遂向其制发"中华人民共和国海关不予批准设立监管场所决定书"。

一、关键点分析

1. 监管场所的设立有严格的标准,根据场所的种类各有区别。

2. 通行条件中有一条:具有专门储存货物的营业场所,拥有营业场所的土地使用权。租赁他人土地、场所经营的,租期不得少于5年。

二、法规链接

(一)《海关法》相关条款

第三十八条　经营海关监管货物仓储业务的企业,应当经海关注册,并按照海关规定,办理收存、交付手续。

在海关监管区外存放海关监管货物,应当经海关同意,并接受海关监管。

(二)《中华人民共和国海关监管场所管理办法》相关条款

第六条　申请设立监管场所的企业应当具备以下条件:
(一)经工商行政管理部门注册登记,具有独立企业法人资格;
……

三、案例启示

考虑到监管场所运作的稳定性,化解监管风险,海关对营业场所的所有权、使用权有要求。企业在申请设立场所时,应予以关注。

1. 申请设立监管场所的企业（以下简称申请企业）应当具备以下条件：

（1）经工商行政管理部门注册登记，具有独立企业法人资格；

（2）注册资本不低于人民币 300 万元；

（3）具有专门储存货物的营业场所，拥有营业场所的土地使用权。租赁他人土地、场所经营的，租期不得少于 5 年；

（4）经营液/气体化工品、易燃易爆危险品等特殊许可货物仓储的，应当持有特殊经营许可批件。

2. 申请企业应当向直属海关提交以下书面材料：

（1）"中华人民共和国海关监管场所注册登记申请书"（详见表 1–1，其中"公司基本情况"见表 1–2）；

表 1–1

中华人民共和国　　海关监管场所注册登记申请书
海关：   　　现我公司拟在　　　　　设立　　　　　　　　　，特提出申请。   　　请批准为盼。   　　附件：   　　1.公司基本情况；   　　2.《工商营业执照》副本复印件；   　　3.《税务登记证书》副本复印件；   　　4.其他专业证书（如《防火安全证书》、《危险品、爆炸品装卸存储证明》、《专业计量证书》或者《罐容表》等）；   　　5.场所平面图及电子文件；   　　6.监管场所相关管理制度、账册制度。   　　　　　　　　　　　　　　　　　　申请企业（公章）   　　　　　　　　　　　　　　　　　　　　年　月　日

表 1-2

公司基本情况
监管场所名称：＿＿＿＿＿＿＿＿＿＿＿＿＿＿＿＿＿＿＿＿＿＿ 所属口岸：＿＿＿＿＿＿＿＿＿＿　批准机关：＿＿＿＿＿＿＿＿＿＿ 批准文号：＿＿＿＿＿＿＿＿＿＿　企业名称：＿＿＿＿＿＿＿＿＿＿ 场所面积：＿＿＿＿＿＿＿＿＿＿　企业性质：＿＿＿＿＿＿＿＿＿＿ 申请业务范围：＿＿＿＿＿＿＿＿　注册资本：＿＿＿＿＿＿＿＿（万元） 监管场所地址：＿＿＿＿＿＿＿＿＿＿　邮政编码：＿＿＿＿＿＿＿ 场所联系人及其联系电话：＿＿＿＿＿＿＿＿＿＿＿＿＿＿＿＿ 企业法定代表人及其联系电话：＿＿＿＿＿＿＿＿＿＿＿＿＿＿ 《营业执照》编号：＿＿＿＿＿＿＿《税务登记证书》编号：＿＿＿＿＿ 组织机构代码：＿＿＿＿＿＿＿＿＿＿ 除本申请场所外有无经营其他海关监管场所：＿＿＿＿＿＿＿＿ 经营其他海关监管场所名称：＿＿＿＿＿＿＿＿＿＿＿＿＿ 场所所有权情况：自有〔　〕租赁〔　〕（所有人：　　　　）
本公司保证上述所填各项内容属实，向海关递交的相关文件真实无讹，遵守海关法规，并承担相应法律责任。 法定代表人（签名）：   申请单位（公章）： 　　年　月　日

（2）企业法人营业执照复印件；

（3）税务登记证复印件；

（4）法定代表人身份证件复印件；

（5）场地所有权或者使用权证明复印件；

（6）存放液/气体化工品、易燃易爆危险品等特殊许可货物的，应当提供特殊经营许可批件的复印件；

（7）场所平面图和建筑设计图。

提交上述材料复印件的，应当同时提供原件供海关验核。

3. 直属海关依据《中华人民共和国行政许可法》和《中华人民共和国海关实施〈中华人民共和国行政许可法〉办法》的有关规定，受

第一章 海关监管场所的设立

理、审查经营监管场所的申请。

申请企业符合法定条件的,直属海关制发"中华人民共和国海关批准设立监管场所决定书"(详见表1-3)。

表1-3

中华人民共和国　　海关批准设立监管场所决定书
编号：___(1)___关所字第___(2)___号
_____(3)_____：
经审核,你公司关于在_____(4)_____设立海关监管场所的申请,符合《中华人民共和国海关监管场所管理办法》规定的条件,现批准设立。
中华人民共和国　　海关(印章) 　　　　　　　　　　　　　　　　　　年　月　日

规范说明：

(1)海关简称；

(2)海关编号；

(3)申请企业名称；

(4)设立监管场所地点。

申请企业不符合法定条件的,直属海关制发"中华人民共和国海关不予批准设立监管场所决定书"(详见表1-4),并说明理由。

表1-4

中华人民共和国　　海关不予批准设立监管场所决定书
编号：___(1)___关所字第___(2)___号
_____(3)_____：
经审核,你公司关于在_____(4)_____设立海关监管场所的申请,不符合《中华人民共和国海关监管场所管理办法》___(5)___《中华人民共和国海关监管场所设置标准》___(6)___之规定,不予批准。
你公司对本决定不服,可以自收到《不予批准设立监管场所决定书》之日起六十日内向海关总署申请行政复议,也可以自收到《不予批准设立监管场所决定书》之日起三个月内向　　中级人民法院提起诉讼。
中华人民共和国　　海关(印章) 　　　　　　　　　　　　　　　　　　年　月　日

填写规范说明：

(1) 海关简称；

(2) 海关编号；

(3) 申请企业名称；

(4) 设立监管场所地点；

(5)《中华人民共和国海关监管场所管理办法》明确规定的条款；

(6)《中华人民共和国海关监管场所设置标准》明确规定的条款。

第二节　监管场所的验收

取得"中华人民共和国海关批准设立监管场所决定书"的监管场所申请企业应当自海关制发"批准设立决定书"之日起 1 年内向直属海关申请验收，直属海关根据《中华人民共和国海关监管场所设置标准》规定的条件对监管场所进行验收。申请企业无正当理由逾期未申请验收或者经验收不合格的，"批准设立决定书"自动失效。

案例

场所内外贸场地未区分的案例

2011 年 3 月，某企业向江阴海关申请设立监管场所，经审核，海关批准其设立。2011 年 12 月，该企业向海关申请验收。江阴海关在实地核查时发现：该企业为散杂货码头，但由于腹地较小，无法做到场地的内外贸分离，不符合海关要求，故未同意其注册。

一、关键点分析

1. 监管场所的设立有严格的标准,根据场所的种类各有区别。
2. 内外贸货物的存放应严格区分,并物理分离。

二、法规链接

《中华人民共和国海关监管场所管理办法》相关条款

第十七条　监管场所内只能存放海关监管货物……

附件:中华人民共和国海关监管场所设置标准——码头类监管场所设置标准

……

6. 具有专门储存、堆放、装卸海关监管货物的仓库、场地及设施,并设置明显区分标志;

……

三、案例启示

场所在按照《中华人民共和国海关监管场所管理办法》建设完善软硬件标准时,应严格对照,类似内外贸货物混放此类原则性规定是无法逾越的。

申请企业应当自海关制发"批准设立决定书"之日起1年内向直属海关申请验收,直属海关根据《中华人民共和国海关监管场所设置标准》规定的条件对监管场所进行验收。申请企业无正当理由逾期未申请验收或者经验收不合格的,"批准设立决定书"自动失效。

监管场所验收合格,经直属海关注册登记并制发"中华人民共和国海关监管场所注册登记证书"(详见表1-5)。

表 1-5

中华人民共和国　　海关监管场所注册登记证书
编号：＿＿（1）＿＿关所字第＿＿（2）＿＿号
＿＿＿＿＿（3）＿＿＿＿＿：
经审核，你单位申请设立的＿＿＿＿（4）＿＿＿＿符合《中华人民共和国海关监管场所管理办法》规定的条件，现准予注册登记，海关编码为＿＿＿（5）＿＿＿。
本《注册登记证书》有效期至　　年　　月　　日。
中华人民共和国　　海关（印章）
年　　月　　日

填写规范说明：

（1）海关简称；

（2）证书编号；

（3）申请企业名称；

（4）监管场所名称；

（5）海关监管场所编码。

可以投入运营，"注册登记证书"自制发之日起有效期为 3 年。

各类监管场所的设置标准，主要有如下几个方面：

1. 码头类监管场所设置标准。

（1）一般型码头（如：综合货运码头、集装箱码头、散杂货码头等）设置标准。

①具有独立的封闭区域；

②设立隔离围网（墙），高度不低于 2.5 米；

③建立通道出入卡口，配置符合海关监管要求的卡口设备（电子栏杆、电子读写设备、电子识别设备、电子监控设备、电子地磅等）并与海关联网；

④配备电子计算机管理系统，并与海关电子计算机联网，能按照海关要求的格式实现相关电子数据的传送、交换，海关可进入监管场所电子计算机管理系统查询、统计运输工具、货物的停靠、存储位置及相关

处理情况；

⑤安装具有存储功能（存储时间不少于3个月）的视频监控系统，供海关对监管场所进行监控，监管场所灯光及监控系统应当满足海关实施全方位24小时监控需要；

⑥具有专门储存、堆放、装卸海关监管货物的仓库、场地及设施，并设置明显区分标志；

⑦提供满足海关查验货物要求的场地，并配备便于海关实施查验的相关设备；

⑧根据海关需要，提前预留大型集装箱检查设备等所需的场地和设施；

⑨提供存放海关扣留货物的仓库；

⑩为海关提供必要的办公场所。办公场所应具备网络、通讯、取暖、降温、休息和卫生等条件。

（2）专用型码头（如：化工品专用码头、粮油专用码头、煤炭专用码头、散装水泥专用码头、散装矿产品专用码头、船舶修理专用码头等）设置标准。

①具有独立的封闭区域；

②设立隔离围网（墙），高度不低于2.5米；

③建立出入通道卡口，配置符合海关监管要求的设备（电子栏杆、电子监控设备、电子地磅等）并与海关联网；

④配备电子计算机管理系统，并与海关电子计算机联网，能按照海关要求的格式实现相关电子数据的传送、交换，海关可进入监管场所电子计算机管理系统查询、统计运输工具、货物的停靠、存储位置及相关处理情况；

⑤安装具有存储功能（储存时间不少于3个月）的视频监控系统，供海关对监管场所进行监控，监管场所灯光及监控系统应当满足海关实施全方位24小时监控需要；

⑥具有储存、堆放、装卸海关监管货物的专用设施,并设置明显区分标志;

⑦为海关监管提供相应的安全防护设备;

⑧为海关提供必要的办公场所。办公场所应具备网络、通讯、取暖、降温、休息和卫生等条件。

2. 公路转关监管点(如:陆路口岸车检场、直通式监管点、转关车检场、国际物流中心等)设置标准。

(1) 具有独立的封闭区域;

(2) 设立隔离围网(墙),高度不低于2.5米;

(3) 建立通道出入卡口,配置符合海关监管要求的卡口设备(电子栏杆、电子读写设备、电子识别设备、电子监控设备、电子地磅等)并与海关联网;

(4) 配备电子计算机管理系统,并与海关电子计算机联网,能按照海关要求的格式实现相关电子数据的传送、交换,海关可进入监管场所电子计算机管理系统查询、统计运输工具、货物的停靠、存储位置及相关处理情况;

(5) 安装具有存储功能(储存时间不少于3个月)的视频监控系统,供海关对监管场所进行监控,监管场所灯光及监控系统应当满足海关实施全方位24小时监控需要;

(6) 具有专门储存、堆放、装卸海关监管货物的仓库、场地及设施,并设置明显区分标志;

(7) 提供满足海关查验货物要求的场地,并配备便于海关实施查验的相关设备;

(8) 提供存放海关扣留货物的仓库;

(9) 根据海关需要,提前预留大型集装箱检查设备等所需的场地和设施;

(10) 为海关提供必要的办公场所。办公场所应具备网络、通讯、取暖、降温、休息和卫生等条件。

3. 陆路边境口岸监管场所（如：陆路边境口岸车检场、陆路边境口岸海关监管点、陆路边境口岸海关查验场等）设置标准。

（1）设立在国家正式批准对外开放的陆路边境口岸海关监管区内，并具有独立的封闭区域；

（2）建立通道出入卡口，配置符合海关监管要求的卡口设备（电子栏杆、电子监控设备、电子地磅等）并与海关联网；

（3）配备电子计算机管理系统，并与海关电子计算机联网，能按照海关要求的格式实现相关电子数据的传送、交换，海关可进入监管场所电子计算机管理系统查询、统计运输工具、货物的停靠、存储位置及相关处理情况；

（4）具有专门储存、堆放、装卸海关监管货物的仓库、场地及设施，并设置明显区分标志；

（5）提供满足海关查验货物要求的场地，并配备便于海关实施查验的相关设备；

（6）根据海关需要，提前预留大型集装箱检查设备等所需的场地和设施；

（7）安装具有存储功能（储存时间不少于3个月）的视频监控系统，供海关对监管场所进行监控，监管场所灯光及监控系统应当满足海关实施全方位24小时监控需要；

（8）提供存放海关扣留货物的仓库；

（9）为海关提供必要的办公场所。办公场所应具备网络、通讯、取暖、降温、休息和卫生等条件。

4. 货栈类监管场所设置标准。

（1）空运货栈设置标准。

①具有独立的封闭区域；

②设立隔离围网（墙），高度不低于2.5米；

③建立通道出入卡口，配置符合海关监管要求的卡口设备（电子栏杆、电子读写设备、电子识别设备、电子监控设备、电子地磅等）并与海关联网；

④配备电子计算机管理系统，并与海关电子计算机联网，能按照海关要求的格式实现相关电子数据的传送、交换，海关可进入监管场所电子计算机管理系统查询、统计运输工具、货物的停靠、存储位置及相关处理情况；

⑤安装具有存储功能（储存时间不少于3个月）的视频监控系统，供海关对监管场所进行监控，监管场所灯光及监控系统须满足海关实施全方位24小时监控需要；

⑥具有储存、堆放、装卸海关监管货物的仓库、场地及设施，监管货物按照进口、出口、暂扣、特殊库进行分类存放，不同类别货物应当隔离，并设置明显区分标志；

⑦提供满足海关查验货物要求的场地，并配备便于海关实施查验的相关设备；

⑧为海关提供必要的办公场所。办公场所应具备网络、通讯、取暖、降温、休息和卫生等条件。

（2）铁路货栈设置标准。

①具有独立的封闭区域；

②设立隔离围网（墙），高度不低于2.5米；

③建立通道出入卡口，配置符合海关监管要求的设备（电子栏杆、电子监控设备、电子地磅等）并与海关联网；

④配备电子计算机管理系统，并与海关电子计算机联网，能按照海关要求的格式实现相关电子数据的传送、交换，海关可进入监管场所电子计算机管理系统查询、统计运输工具、货物的停靠、存储位置及相关处理情况；

⑤安装具有存储功能（储存时间不少于3个月）的视频监控系统，

供海关对监管场所进行监控，监管场所灯光及监控系统应当满足海关实施全方位 24 小时监控需要；

⑥具有专门储存、堆放、装卸海关监管货物的仓库、场地及设施，并设置明显区分标志；

⑦提供满足海关查验货物要求的场地，并配备便于海关实施查验的相关设备；

⑧根据海关需要，提前预留大型集装箱检查设备等所需的场地和设施；

⑨提供存放海关扣留货物的仓库；

⑩为海关提供必要的办公场所。办公场所应具备网络、通讯、取暖、降温、休息和卫生等条件。

5. 堆场类监管场所设置标准。

（1）综合性货运堆场（如：集装箱堆场、散杂货堆场等）设置标准。

①具有独立的封闭区域；

②设立隔离围网（墙），高度不低于 2.5 米；

③建立通道出入卡口，配置符合海关监管要求的卡口设备（电子栏杆、电子读写设备、电子识别设备、电子监控设备、电子地磅等）并与海关联网；

④配备电子计算机管理系统，并与海关电子计算机联网，能按照海关要求的格式实现相关电子数据的传送、交换，海关可进入监管场所电子计算机管理系统查询、统计运输工具、货物的停靠、存储位置及相关处理情况；

⑤安装具有存储功能（储存时间不少于 3 个月）的视频监控系统，供海关对监管场所进行监控，监管场所灯光及监控系统应当满足海关实施全方位 24 小时监控需要；

⑥具有专门储存、堆放、装卸海关监管货物的仓库、场地及设施，

并设置明显区分标志;

⑦提供满足海关查验货物要求的场地,并配备便于海关实施查验的相关设备;

⑧提供存放海关扣留货物的仓库;

⑨根据海关需要,提前预留大型集装箱检查设备等所需的场地和设施。自行安装的货物检查设备应与海关联网;

⑩为海关提供必要的办公场所。办公场所应具备网络、通讯、取暖、降温、休息和卫生等条件。

(2) 新造集装箱专用堆场设置标准。

①具有独立的封闭区域;

②设立隔离围网(墙),高度不低于2.5米;

③建立通道出入卡口,配置符合海关监管要求的卡口设备(电子栏杆、电子监控设备等)并与海关联网;

④配备电子计算机管理系统,并与海关电子计算机联网,能按照海关要求的格式实现相关电子数据的传送、交换,海关可进入监管场所电子计算机管理系统查询、统计运输工具、货物的停靠、存储位置及相关处理情况;

⑤安装具有存储功能(储存时间不少于3个月)的视频监控系统,供海关对监管场所进行监控,监管场所灯光及监控系统应当满足海关实施全方位24小时监控需要;

⑥为海关提供必要的办公场所。办公场所应具备网络、通讯、取暖、降温、休息和卫生等条件。

6. 仓库类监管场所(如:综合性仓库、航空食品供应库、进口分拨库、出口拼装库、展览品监管仓库等)设置标准。

(1) 具有独立的封闭区域;

(2) 建立通道出入卡口,配置符合海关监管要求的卡口设备(电子栏杆、电子读写设备、电子识别设备、电子监控设备、电子地磅等)

并与海关联网；

（3）配备电子计算机管理系统，并与海关电子计算机联网，能按照海关要求的格式实现相关电子数据的传送、交换，海关可进入监管场所电子计算机管理系统查询、统计运输工具、货物的停靠、存储位置及相关处理情况；

（4）安装具有存储功能（储存时间不少于3个月）的视频监控系统，供海关对监管场所进行监控，监管场所灯光及监控系统应当满足海关实施全方位24小时监控需要；

（5）提供满足海关查验货物要求的场地，并配备便于海关实施查验的相关设备；

（6）提供存放海关扣留货物的仓库；

（7）为海关提供必要的办公场所。办公场所应具备网络、通讯、取暖、降温、休息和卫生等条件。

7. 储罐类监管场所（如液/气体专用储罐堆场等）设置标准。

（1）具有独立的封闭区域；

（2）建立通道出入卡口，配置符合海关监管要求的卡口设备（电子栏杆、电子监控设备等）并与海关联网；

（3）配备电子计算机管理系统，并与海关电子计算机联网，能按照海关要求的格式实现相关电子数据的传送、交换，海关可进入监管场所电子计算机管理系统查询、统计运输工具、货物的停靠、存储位置及相关处理情况；

（4）安装具有存储功能（储存时间不少于3个月）的视频监控系统，供海关对监管场所进行监控，监管场所灯光及监控系统应当满足海关实施全方位24小时监控需要；

（5）储罐应当安装符合海关要求的测量仪器，确保采集数据原始、真实、准确，并与海关联网；

（6）为海关监管提供相应的安全防护设备；

（7）为海关提供必要的办公场所。办公场所应具备网络、通讯、取暖、降温、休息和卫生等条件。

8. 快件类监管场所设置标准。

（1）具有独立的封闭区域；

（2）建立通道出入卡口，配置符合海关监管要求的设备（电子栏杆、电子读写设备、电子识别设备、电子监控设备、小型电子地磅等）并与海关联网；

（3）配备电子计算机管理系统，并与海关电子计算机联网，能按照海关要求的格式实现相关电子数据的传送、交换，海关可进入监管场所电子计算机管理系统查询、统计运输工具、货物的停靠、存储位置及相关处理情况；

（4）具备自动传输和分拣设备；

（5）安装具有存储功能（储存时间不少于3个月）的视频监控系统，供海关对监管场所进行监控，监管场所灯光及监控系统应当满足海关实施全方位24小时监控需要；

（6）具有专门储存、堆放、装卸海关监管货物的仓库、场地及设施，并设置明显区分标志；

（7）提供满足海关查验货物要求的场地，并配备便于海关实施查验的相关设备；

（8）根据海关需要，提前预留海关监管设备所需的场地和设施；

（9）提供存放海关扣留货物的仓库；

（10）为海关提供必要的办公场所。办公场所应具备网络、通讯、取暖、降温、休息和卫生等条件。

9. 边民互市贸易类监管场所（如：边民互市点、边民互市区、边贸市场等）设置标准。

（1）具有明确的界线，建有隔离围网（墙），高度不低于2.5米；

（2）建立通道出入卡口。具备条件时应当配置符合海关监管要求的卡口设备（电子栏杆、电子地磅、电子监控设备等）并与海关联网；

（3）具备条件时应当安装具有存储功能（储存时间不少于 3 个月）的视频监控系统，供海关对监管场所进行监控，监管场所灯光及监控系统应当满足海关实施全方位 24 小时监控需要；

（4）为海关提供适当的办公场所和条件。办公场所应当具备网络、通讯、取暖、降温、休息和卫生等条件。

10. 台轮停泊点类监管场所设置标准。

（1）具有独立的封闭区域；

（2）设立隔离围网（墙），高度不低于 2.5 米；

（3）建立通道出入卡口。具备条件时应当配置符合海关监管要求的卡口设备（电子栏杆、电子地磅、电子监控设备等）并与海关联网；

（4）具备条件时应当安装具有存储功能（储存时间不少于 3 个月）的视频监控系统，供海关对监管场所进行监控，监管场所灯光及监控系统应当满足海关实施全方位 24 小时监控需要；

（5）为海关提供相应的办公场所和条件。办公场所应具备网络、通讯、取暖、降温、休息和卫生等条件。

11. 旅客通关类监管场所（如：出入境旅客陆运、海运、空运港站旅检现场）设置标准。

（1）具有独立的封闭区域；

（2）在出境或者入境封闭区域建立出入通道，并分别设置"申报通道"、"无申报通道"、"外交礼遇通道"和"工作人员通道"；

（3）各通道之间相互隔离，符合海关监管要求。各通道内应预留必要的电源、网络接口；

（4）"申报通道"和"无申报通道"纵向划分为申报区、查验区和处理区；

（5）安装具有存储功能（储存时间不少于 3 个月）的视频监控系统，供海关对监管场所进行监控，监管场所灯光及监控系统应当满足海关实施全方位 24 小时监控需要；

（6）为海关提供旅客行李查验台、海关法规公告栏（包括电子公告屏），安装海关通道标识及现场隔离设施等；

（7）在出港实行开放式布局，配备具有远程判图和操控的行李系统和五级安检系统。建有相应的网络、设备，实时、准确提供中转旅客电子信息；

（8）为海关提供存放扣留货物、物品的库房；

（9）为海关提供专门开展海关征税、询问、视频监控、毒品检测、印刷品音像制品审查的工作场所及设施。办公场所应当具备网络、通讯、取暖、降温、休息和卫生等条件。

12. 国际邮件类监管场所（如：国际邮件互换局、国际邮件交换站等）设置标准。

（1）具有独立的封闭区域；

（2）配备电子计算机管理系统，并与海关电子计算机联网，能按照海关要求的格式实现相关电子数据的传送、交换，海关可进入监管场所电子计算机管理系统查询、统计运输工具、货物的停靠、存储位置及相关处理情况；

（3）安装具有存储功能（储存时间不少于 3 个月）的视频监控系统，供海关对监管场所进行监控，监管场所灯光及监控系统应当满足海关实施全方位 24 小时监控需要；

（4）具有专门储存、堆放、装卸海关监管邮件的仓库、场地及设施，并设置明显区分标志；

（5）有满足海关查验邮件要求的场地；

（6）邮件分拣及 X 光机检查设备应当与海关联网；

（7）根据海关需要，提供海关检查设备所需的场地和设施；

（8）为海关提供存放扣留邮件的库房；

（9）为海关提供接受报关、视频监控、毒品检测、印刷品音像制品审查的工作场所。办公场所应当具备网络、通讯、取暖、降温、休息和卫生等条件。

13. 监管场所内查验场地设置标准。

（1）封闭式查验场房。地面高度适合集装箱或者集装箱厢式货车的对接，对接门的尺寸能满足封闭对接需要，方便搬运叉车上下作业。

建设有车辆停靠区、掏箱区、货检 X 光机检查区，并应当配备相应的装卸设备。

（2）平台式查验场地。查验平台高度适合集装箱车或者集装箱厢式货车的停靠，方便搬运叉车上下作业。

建设有车辆停靠区、掏箱区、货检 X 光机检查区，并应当配备相应的装卸设备。

第三节　监管场所的变更

已注册的监管场所经营企业需要变更企业业务范围、监管场所面积、库容等事项的，应当向直属海关提出变更申请。

案例

场所业务范围改变未变更的案例

2012 年 5 月，某粮油专用码头因传统货种经营困难，遂擅自开展对苯二甲酸（吨装袋包装）进口业务，海关发现后，以其码头类型为粮油专用码头，软硬件设施均不符合散杂货码头标准为由责令其不得从事散杂货装卸业务。

一、关键点分析

1. 监管场所的设立有严格的标准,根据场所的种类各有区别,粮油专用码头与散杂货码头的监管要求有很大的不同。

2. 场所变更业务范围时应提前向海关办理场所变更手续。

二、法规链接

《中华人民共和国海关监管场所管理办法》相关条款

第十一条 经营企业需要变更企业业务范围、监管场所面积等的,应当填写"中华人民共和国海关监管场所变更申请书",向直属海关提出申请,并提交有关材料。

三、案例启示

经营企业需要变更企业业务范围、监管场所面积等的,应当填写"中华人民共和国海关监管场所变更申请书"(详见表1-6,其中"公司基本情况"详见表1-7),向直属海关提出申请,并提交有关材料。

其填写规范说明如下:

(1) 审批海关简称;

(2) 申请时间;

(3) 海关流水编号;

(4) 海关名称;

(5) 监管场所名称;

(6) 海关十位编码。

注:本申请书一式两份

表1－6

中华人民共和国海关监管场所变更申请书

（1）关更申（2）年第（3）号

_____（4）_____海关：

经海关批准，我公司于　　年　　月　　日办理了___（5）___监管场所的登记手续，注册登记证书的编号为___（6）___。

我公司拟对该监管场所的若干事项进行调整，特提出申请。

请予批准为盼。

附件：

1. 公司基本情况；
2. 《工商营业执照》副本复印件；
3. 《税务登记证书》副本复印件；
4. 其他专业证书（如《防火安全证书》、《危险品、爆炸品装卸存储证明》、《专业计量证书》或者《罐容表》等）；
5. 场所平面图及电子文件；
6. 监管场所相关管理、账册制度。

申请企业（公章）

年　　月　　日

表1－7

公司基本情况
监管场所名称：_____
所属口岸：_____　批准机关：_____
批准文号：_____　企业名称：_____
场所面积：_____　企业性质：_____
申请业务范围：_____　注册资本：_____（万元）
监管场所地址：_____　邮政编码：_____
场所联系人及其联系电话：_____
企业法定代表人及其联系电话：_____
《营业执照》编号：_____　《税务登记证书》编号：_____
组织机构代码：_____
除本监管场所外有无经营其他海关监管场所：_____
经营其他海关监管场所名称：_____
监管场所所有权情况：自有 [　] 租赁 [　]（所有人：_____）

续表
本公司保证上述所填各项内容属实,向海关递交的相关文件真实无讹,遵守海关法规,并承担相应法律责任。 法定代表人(签名): 　　　　　　　　　　　申请单位(公章): 　　　　　　　　　　　　　年　月　日
海关审核情况
实地验收情况: 　　　　　　　　　　　经办人: 　　　　　　　　　　　年　月　日
直属海关审核意见: 经办人: 复核人: 　年　月　日 主管领导: 　　　　　　　　　　　行政公章 　　　　　　　　　　　年　月　日

第四节　监管场所的延续

"中华人民共和国海关监管场所注册登记证书"自海关制发之日起有效期为3年,经营企业应当在该证书有效期届满30日前向直属海关提出延续申请。

案例

场所有效期未及时延续的案例

2012年11月6日,某化工品专用码头类场所收到海关的"责令暂

停运营通知书"。其原因为该场所的"中华人民共和国海关监管场所注册登记证书"有效期截至2012年11月5日。后经过完善相应的延续手续,该场所得以继续运营。

一、关键点分析

监管场所经海关验收并注册登记后,并不是一劳永逸的,场所有效期为3年。到期前,场所应向海关申请延续。

二、法规链接

《中华人民共和国海关监管场所管理办法》相关条款

第九条 ……监管场所验收合格,经直属海关注册登记并制发"中华人民共和国海关监管场所注册登记证书"(以下简称"注册登记证书")后,可以投入运营,"注册登记证书"自制发之日起有效期为3年。

第十二条 经营企业需要延续"注册登记证书"有效期的,应当在"注册登记证书"有效期届满30日前向直属海关提出延续申请,并提交"中华人民共和国海关监管场所延续申请书"。

符合延续条件的,直属海关应当在"注册登记证书"有效期届满前作出准予延续的决定,延续"注册登记证书"有效期3年。

不符合延续条件的,直属海关应当作出不予延续的决定。

三、案例启示

1. 经营企业需要延续"中华人民共和国海关监管场所注册登记证书"有效期的,应当在证书有效期届满30日前向直属海关提出延续申请,并提交"中华人民共和国海关监管场所延续申请书"(详见表1-8)。

表 1-8

中华人民共和国海关监管场所延续申请书

_____海关：

  由我公司经营的_____在运营期间严格遵守海关各项规章制度，符合《中华人民共和国海关监管场所管理办法》的要求，运营情况良好。

  因《中华人民共和国海关监管场所注册登记证书》有效期即将届满，特申请延续《中华人民共和国海关监管场所注册登记证书》有效期。

  请批准为盼。

法定代表人（签字）：

申请企业（盖章）

年　　月　　日

2. 符合延续条件的，直属海关在证书有效期届满前作出准予延续的决定，延续证书有效期3年；不符合延续条件的，直属海关作出不予延续的决定。

第二章　监管场所的日常管理

海关监管场所经营企业应严格遵守国家法律法规，按照《海关法》、《中华人民共和国海关监管场所管理办法》等的规定和要求履行职责，从事生产经营活动。

第一节　海关监管场所在进出境运输工具停靠期间的责任和义务

海关监管场所经营企业应配合海关做好进出境运输工具停靠期间的日常监管工作，控制无关人员进入场所，维持作业区的正常工作秩序。

案例

监管场所擅自放行运输工具供应物料案

2012年5月，某国际航行船舶在江阴卸货，其船公司安排物料供船，因不清楚手续，遂在未向海关申报并办理相关手续的情况下，擅自将物料供船。而船舶停靠的监管场所卡口未验核海关审批单证即予以放行。上述行为被海关用视频监控捕获，海关依法对该场所予以警告，并处罚款1万元人民币。

一、关键点分析

1. 进出境运输工具应当通过设立海关的地点进境或者出境，在海关监管场所停靠，装卸货物、物品和上下人员。运输工具装卸进出境货物、物品或者上下进出境旅客，应当接受海关监管。

2. 进境运输工具在向海关申报以前，未经海关同意，不得装卸货物、物品，除引航员、口岸检查机关工作人员外不得上下人员。

3. 进出境运输工具负责人应当在进出境运输工具装卸货物的 1 小时以前通知海关；航程或者路程不足 1 小时的，可以在装卸货物以前通知海关。

4. 进出境运输工具装卸货物、物品完毕后，进出境运输工具负责人应当向海关递交反映实际装卸情况的交接单据和记录。

5. 出境运输工具负责人在货物、物品装载完毕或者旅客全部登机（船、车）以后，应当向海关提交结关申请。海关审核无误的，制发"结关通知书"。海关制发"结关通知书"以后，非经海关同意，出境运输工具不得装卸货物、上下旅客。

二、法规链接

（一）《海关法》相关条款

第十七条　运输工具装卸进出境货物、物品或者上下进出境旅客，应当接受海关监管。

货物、物品装卸完毕，运输工具负责人应当向海关递交反映实际装卸情况的交接单据和记录。

上下进出境运输工具的人员携带物品的，应当向海关如实申报，并接受海关检查。

(二)《中华人民共和国海关行政处罚实施条例》相关条款

第二十二条　有下列行为之一的，予以警告，可以处 5 万元以下罚款，有违法所得的，没收违法所得：

（一）未经海关同意，进出境运输工具擅自装卸进出境货物、物品或者上下进出境旅客的；

……

(三)《中华人民共和国海关进出境运输工具监管办法》相关条款

第四条　除经国务院或者国务院授权的机关批准外，进出境运输工具应当通过设立海关的地点进境或者出境，在海关监管场所停靠，装卸货物、物品和上下人员。

三、案例启示

1. 海关监管场所应严格遵守国家法律法规，按照《海关法》、《中华人民共和国海关监管场所管理办法》、《中华人民共和国海关进出境运输工具舱单管理办法》等的规定和要求履行职责，从事生产经营活动。

2. 海关监管场所应规范管理，严格作业。以码头类场所为例：

（1）对码头和海关监管场所实行封闭式卡口管理，派员 24 小时驻守卡口，负责对进出卡口的运输工具、货物、人员进行登记和检查。

（2）在码头监管场所（泊位、装卸区、存储区、查验区和卡口通道）安装符合海关监管要求的闭路电视监控系统。码头公司应做好必要的准备工作，以便尽早实现双方的计算机联网，安装其他经双方认可的监控设施。

（3）对监管场所按功能进行区域划分，做到内外贸货物存放区、作业区、办公区分离。内外贸货物存放区域间设置物理隔离设施。

（4）在码头和监管场所设置标识牌和公告牌。其中，在卡口前设置码头名称牌、监管场所布局图、"海关监管场所"标识和货物人员进出码头须知；在泊位和引桥位置设置泊位名称、船员通道指引标识和进出境船舶须知；在存放海关监管货物的堆场、仓库和储罐设置"海关监管货物"标识。

（5）实时向海关递交海关监管货物存放区位图，发生变化时当日递交更新后的区位图。对海关监管大宗散杂货的堆放实行标签管理，如实注明货物已知信息。

（6）出口货物集港完毕后，码头公司向海关如实出具"出口货物运抵报告"或货到报告；进口货物卸货完毕后，应向海关报送"进口货物卸货报告"。与海关实现联网监管的，应发送相应的电子数据。

（7）从进境船舶卸入码头公司海关监管场所内的货物，在海关未正式放行前属海关监管货物，码头公司应妥善保管，未经海关同意，码头公司不得擅自提取、交付、发运、调换、改装、抵押、质押、转让、更换标记、移作他用或者其他处置。

（8）对进口货物提取或出口货物装船的合法依据必须是：验凭有海关加盖放行章和经办关员签字的"进口货物放行提单"或"出口货物装货单"，对于与海关实现数据联网的场所还应验凭海关的电子放行信息。遇有对海关放行章有疑问或与海关实现数据联网场所未收到海关电子放行信息时，应报经海关核准，码头公司经理人员方可办理交付手续，并逐票做好记录备查。

（9）监管场所进口货物按规定在 3 个月内必须办理报关手续，如有特殊情况，可向海关申请延期，延长期不得超过三个月。在海关批准的存放期内未提取的，码头公司经理人应向海关报告，如系超期未报货物的，由海关按照《海关法》第三十条的规定处理。

（10）码头公司应按海关要求建立货物进出库账册及进出库管理制度，并积极配合海关检查有关进出库账册。

（11）码头及仓库管理人员应接受海关培训，并指定人员负责与海关的日常工作联系。

（12）码头公司各岗位人员应配合海关关员做好船舶靠港期间船舶的日常监管工作。码头作业人员和门卫控制止无关人员进入码头，维持码头作业区的正常工作秩序。

（13）进出境船舶所需添装或卸地的燃料、物品及船员携带下地的物品属海关监管货物，码头门卫应验凭海关签章的放行单据放行。上述货物、物品进出码头，码头门卫对无海关签章放行的上述货物、物品，不予放行，并立即通知海关。

（14）码头公司应将码头堆场、仓库、管线分布、储罐罐容及企业基本情况等送交海关备案，未经海关同意，不得擅自变动，如有变动，码头公司应事先向海关申请，经海关批准后，方可实施。

第二节　监管场所装卸、存储海关监管货物的责任和义务

海关监管场所内的货物，在海关未正式放行前属海关监管货物，监管场所经营企业应妥善保管，未经海关同意，不得擅自提取、交付、发运、调换、改装、抵押、质押、转让、更换标记、移作他用或者其他处置。

◇ 案例

监管场所擅自开启海关封志案

2012年12月，某企业进口的食用橄榄油因国检需要取样，海关按

照申报前提前取样看货程序允许其开启集装箱。结束后海关重新施封，后因取样量不够，该场所未经海关同意擅自开启海关封志，配合国检取样。海关认定该场所擅自损毁海关封志违规，对其予以警告，并处罚款人民币1万元。

一、关键点分析

1. 海关封志是海关实施监管的专用工具和标志，未经允许，任何人不得擅自开启或者损毁。

2. 擅自开启或者损毁海关封志的，由海关定性违规，予以警告，并可以处人民币3万元以下的罚款。

二、法规链接

（一）《海关法》相关条款

第三十七条　……海关加施的封志，任何人不得擅自开启或者损毁。（进出境货物）

第四十七条　……海关加施的封志，任何人不得擅自开启或者损毁。（进出境物品）

第八十六条　违反本法规定有下列行为之一的，可以处以罚款，有违法所得的，没收违法所得：

……

（十一）擅自开启或者损毁海关封志的；

……

（二）《中华人民共和国海关行政处罚实施条例》相关条款

第二十三条　有下列行为之一的，予以警告，可以处3万元以下罚款：

（一）擅自开启或者损毁海关封志的；

……

三、案例启示

1. 海关封志是海关实施监管的专用工具和标志，未经允许，任何人不得擅自开启或者损毁。有违反的，予以警告，并可以处人民币 3 万元以下的罚款。

2. 海关监管场所经营企业在妥善维护海关封志的同时，对其他海关未放行货物的商业封志应予以关注，如有损坏、脱落、变更等，应及时向海关报告。

第三章 监管场所的海关管理

海关采取视频监控、实地核查等方式对进出监管场所的运输工具、货物等实施监管。本章将介绍监管场所的巡查、卡口管理以及视频监控相关案例。

第一节 监管场所的巡查

海关根据风险管理的要求,对监管场所实行分类管理,巡查是分类管理中的一种方式。

案例

内贸货物储罐存放外贸货物案

2012年6月13日,江阴某化工码头有限公司在例行检查中发现,存有6月10日进口的5 000吨甲醇的两个储罐存在明显安全隐患。为及时消除安全隐患,该公司随后在未经海关批准的情况下,擅自将原先存放在上述两个储罐内的甲醇移至另外区域一个存放内贸甲醇的储罐内,然后清空原储罐并进行维修。数日后,海关监控部门在巡查中查获该情事。海关认定当事人在海关未放行前,擅自将海关监管货物存放于非海关监管场所内,依法对其作出罚款2万元人民币的行政处罚决定。

一、关键点分析

1. 海关监管货物不得随意存放。由于海关监管货物未经海关许可,不得开拆、提取、交付、发运、调换、改装、抵押、质押、留置、转让、更换标记、移作他用或者进行其他处置,因此在海关监管场所外存放海关监管货物,应当经海关同意,并接受海关监管。否则,会中断海关监管的连续性。

2. 海关监管场所内只能存放海关监管货物,并按照海关规定,办理收存、交付手续。

二、法规链接

(一)《海关法》相关条款

第三十八条 经营海关监管货物仓储业务的企业,应当经海关注册,并按照海关规定,办理收存、交付手续。

(二)《中华人民共和国海关行政处罚实施条例》相关条款

第十八条 有下列行为之一的,处货物价值5%以上30%以下罚款,有违法所得的,没收违法所得:

……

(二)未经海关许可,在海关监管区以外存放海关监管货物的;

……

三、案例启示

对于监管场所经营企业来讲,其场所内可能分内贸、外贸区域,应按照海关要求对外贸货物与普通货物严格管理，不论是外贸货物存放于内贸储罐，还是内贸货物存放于外贸储罐都属于违反海关规定。

第二节　监管场所的卡口管理

监管场所经营企业应对码头和海关监管场所实行封闭式卡口管理，派员24小时驻守卡口，负责对进出卡口的运输工具、货物、人员进行登记和检查。

案例

场所擅自放行海关监管货物案

2011年9月6日，江苏某新材料有限公司从江阴口岸进口2 000.43吨苯乙烯，存放于江阴某化工储运公司码头罐区。因未顺利办结海关放行手续，而生产又急需，故该新材料有限公司向江阴某化工储运公司码头施加压力。江阴某化工储运公司码头在未经海关下达放行指令前，擅自允许该新材料有限公司将其中的178吨苯乙烯提取至车间用于加工生产。2011年11月，海关认定江阴某化工储运公司擅自发运海关监管货物违规，依法对其作出罚款人民币2万元的行政处罚决定。

一、关键点分析

1. 未放行的进出口货物属于海关监管货物。

2. 进出口货物的收发货人在缴清税款或者向海关提供担保后，由海关签印放行（盖放行章），这时相关货物才算办结海关手续，可以提

取使用。

3. 对尚未放行的海关监管货物负有保管义务的企业和个人，应当凭海关纸质放行凭证和电子放行信息放行、交付和发运海关监管的货物。

二、法规链接

(一)《海关法》相关条款

第二十三条　进口货物自进境起到办结海关手续止，出口货物自向海关申报起到出境止，过境、转运和通运货物自进境起到出境止，应当接受海关监管。

第二十九条　除海关特准的外，进出口货物在收发货人缴清税款或者提供担保后，由海关签印放行。

第三十七条　海关监管货物，未经海关许可，不得开拆、提取、交付、发运、调换、改装、抵押、质押、留置、转让、更换标记、移作他用或者进行其他处置。

第八十六条　违反本法规定有下列行为之一的，可以处以罚款，有违法所得的，没收违法所得：

……

（十）未经海关许可，擅自将海关监管货物开拆、提取、交付、发运、调换、改装、抵押、质押、留置、转让、更换标记、移作他用或者进行其他处置的；

……

(二)《中华人民共和国海关行政处罚实施条例》相关条款

第十八条　有下列行为之一的，处货物价值5%以上30%以下罚款，有违法所得的，没收违法所得：

（一）未经海关许可，擅自将海关监管货物开拆、提取、交付、发运、调换、改装、抵押、质押、留置、转让、更换标记、移作他用或者进行其他处置的；

……

（三）《中华人民共和国海关监管场所管理办法》相关条款

第二十一条　经营企业应当凭海关纸质放行凭证和电子放行信息放行海关监管的运输工具、货物。

三、案例启示

1. 进境船舶卸入码头公司海关监管场所内的货物，在海关未正式放行前属海关监管货物，码头公司应妥善保管，未经海关同意，码头公司不得擅自提取、交付、发运、调换、改装、抵押、质押、转让、更换标记、移作他用或者其他处置。

2. 对进口货物提取或出口货物装船的合法依据必须是：验凭有海关加盖放行章和经办关员签字的"进口货物放行提单"或"出口货物装货单"，对于与海关实现数据联网的场所还应验凭海关的电子放行信息。遇到对海关放行章有疑问或数据联网场所未收到海关电子放行信息时，应报经海关核准，码头公司经理人员方可办理交付手续，并逐票做好记录备查。

第三节　监管场所的视频监控

视频监控是监管场所设立硬件条件的重要组成部分，视频摄像头应符合相关国家标准并满足海关全天候监控要求。

> 案例

场所视频摄像头未能录像 3 个月的案例

2012 年 9 月 6 日晚，江阴海关接到举报线索：停泊在某国际储运有限公司码头的"某某"轮擅自接受码头附近小商店的物料供应。海关在调查取证时发现，监控"某某"轮舷梯区域的 6 号摄像头未能成功将违规过程录像，不符合监管场所应"安装具有存储功能（存储时间不少于 3 个月）的视频监控系统，供海关对监管场所进行监控，监管场所灯光及监控系统应当满足海关实施全方位 24 小时监控需要"的要求。

一、关键点分析

1. 监管场所的视频监控录像是海关监管的重要历史数据，必要时可以成为案件处理的重要证据。

2. 监管场所在整个运营过程中，应对视频监控系统做好维护，发现损坏立即报告并维修。

二、法规链接

《中华人民共和国海关监管场所管理办法》相关条款

附件：中华人民共和国海关监管场所设置标准

......

5. 安装具有存储功能（存储时间不少于 3 个月）的视频监控系统，供海关对监管场所进行监控，监管场所灯光及监控系统应当满足海关实施全方位 24 小时监控需要；

......

三、案例启示

1. 场所应做好视频监控系统的运行维护，确保海关监管有效和场所生产作业的正常进行。

2. 开启监控设备后应对探头巡检，发现程序故障、画面模糊、画面丢失、镜头操控失灵、信号中断等情况，应立即与技术部门联系，查明原因，并向海关报告。

3. 场所监控人员应遵守以下工作纪律：

（1）监控人员应忠于职守，如实登记"闭路电视监控系统运行使用台账"，不得擅自离岗、脱岗。

（2）监控人员必须按规定程序操作，并做好监控设备的维护管理工作。

（3）做好保密工作，禁止无关人员进入监控室。有关登记、录像资料禁止传播、复制、传看。

4. 监控设备仅用于卡口、码头、场地及仓库的协助海关监管工作，禁止将监控设备用于娱乐、上网等非监管业务。

书目介绍

乐 贸 系 列

书名	作者	定价	书号	出版时间

📖 外贸操作实务子系列

书名	作者	定价	书号	出版时间
1. 出口营销实战（第三版）	黄泰山	45.00元	978-7-80165-932-3	2013年1月第3版
2. 外贸实务疑难解惑220例	张浩清	38.00元	978-7-80165-853-1	2012年1月第1版
3. 外贸高手客户成交技巧	毅冰	35.00元	978-7-80165-841-8	2012年1月第1版
4. 外贸纠纷处理实务——案例与技巧	熊志坚	35.00元	978-7-80165-789-3	2011年1月第1版
5. 报检七日通	徐荣才 朱瑾瑜	22.00元	978-7-80165-715-2	2010年8月第1版
6. 实用外贸技巧助你轻松拿订单	王陶（波锅涅）	25.00元	978-7-80165-724-4	2010年4月第1版
7. 外贸业务经理人手册（第2版）	陈文培	39.00元	978-7-80165-671-1	2010年1月第1版
8. 外贸实用工具手册	本书编委会	32.00元	978-7-80165-558-5	2009年1月第1版
9. 外贸实务经验分享33例	沱沱网中文站	28.00元	978-7-80165-560-8	2009年1月第1版
10. 外贸实务案例精华80篇	刘德标 吴珊红	29.80元	978-7-80165-561-5	2009年1月第1版
11. 外贸七日通（最新修订版）	黄海涛（深海鱿鱼）	22.00元	978-7-80165-397-0	2008年8月第3版
12. 金牌外贸业务员找客户——17种方法·案例·评析	陈念祥 张思羽	35.00元	978-7-80165-543-1	2008年8月第2版
13. 出口营销策略（《出口营销实战》升级版）	黄泰山 冯斌	35.00元	978-7-80165-459-5	2008年5月第1版

📖 出口风险管理子系列

书名	作者	定价	书号	出版时间
1. 轻松应对出口法律风险	韩宝庆	39.80元	978-7-80165-822-7	2011年9月第1版
2. 出口风险管理实务（第二版）	冯斌	48.00元	978-7-80165-725-1	2010年4月第2版
3. 50种出口风险防范	王新华 陈丹凤	35.00元	978-7-80165-647-6	2009年8月第1版

书名	作者	定价	书号	出版时间

📖 外贸单证操作子系列

书名	作者	定价	书号	出版时间
1. 跟单信用证一本通	何源	35.00元	978-7-80165-849-4	2012年1月第1版
2. 信用证审单有问有答280例	李一平 徐珺	37.00元	978-7-80165-761-9	2010年8月第1版
3. 外贸单证经理的成长日记	曹顺祥	38.00元	978-7-80165-716-9	2010年3月第1版
4. 外贸单证解惑280例	龚玉和 齐朝阳	38.00元	978-7-80165-638-4	2009年7月第1版
5. 跟单高手教你做跟单	汪德	32.00元	978-7-80165-623-0	2009年4月第1版

福步外贸高手子系列

1. 巧用外贸邮件拿订单	刘 裕	45.00 元	978-7-80165-966-8	2013 年 8 月第 1 版
2. 小小开发信 订单滚滚来 ——外贸开发信写作技 巧及实用案例分析	薄如骢	26.00 元	978-7-80165-551-6	2008 年 8 月第 1 版
3. 外贸技巧与邮件实战	刘 云	28.00 元	978-7-80165-536-3	2008 年 7 月第 1 版

国际物流操作子系列

货代高手教你做货代 ——优秀货代笔记	何银星	25.00 元	978-7-80165-696-4	2010 年 1 月第 1 版

通关实务子系列

1. 外贸企业轻松应对海关估价	熊 斌 赖 芸 王卫宁	35.00 元	978-7-80165-895-1	2012 年 9 月第 1 版
2. 报关实务一本通（第 2 版）	苏州工业 园区海关	35.00 元	978-7-80165-889-0	2012 年 8 月第 2 版

彻底搞懂子系列

1. 彻底搞懂信用证（第二版）	王腾 曹红波	35.00 元	978-7-80165-840-1	2011 年 11 月第 2 版
2. 彻底搞懂中国自由贸易 区优惠	刘德标 祖月	34.00 元	978-7-80165-762-6	2010 年 8 月第 1 版
3. 彻底搞懂提单	张敏 赵通	29.80 元	978-7-80165-602-5	2009 年 6 月第 1 版
4. 彻底搞懂关税	孙金彦	29.00 元	978-7-80165-618-6	2009 年 6 月第 1 版

外贸英语实战子系列

1. 十天搞定外贸函电	毅 冰	38.00 元	978-7-80165-898-2	2012 年 10 月第 1 版
2. 外贸高手的口语秘籍	李 凤	35.00 元	978-7-80165-838-8	2012 年 2 月第 1 版
3. 外贸英语函电实战	梁金水	25.00 元	978-7-80165-705-3	2010 年 1 月第 1 版
4. 外贸英语口语一本通	刘新法	29.00 元	978-7-80165-537-0	2008 年 8 月第 1 版

外贸谈判子系列

1. 外贸英语谈判实战	王慧 吴旻 张海军 蒋晓杰 仲颖	32.00 元	978-7-80165-767-1	2010 年 9 月第 1 版
2. 外贸谈判策略与技巧	赵立民	26.00 元	978-7-80165-645-2	2009 年 7 月第 1 版

贸易展会子系列

外贸参展全攻略——如何有效 参加 B2B 贸易商展（第二版）	钟景松	33.00 元	978-7-80165-779-4	2010 年 10 月第 2 版

区域市场开发子系列

中东市场开发实战	刘军 沈一强	28.00 元	978-7-80165-650-6	2009 年 9 月第 1 版

📖 加工贸易操作子系列

1. 加工贸易实务操作与技巧	熊 斌	35.00 元	978-7-80165-809-8	2011 年 4 月第 1 版
2. 加工贸易达人速成 ——操作案例与技巧	陈秋霞	28.00 元	978-7-80165-891-3	2012 年 7 月第 1 版

📖 乐税子系列

1. 外贸会计财务处理实务 ——经验·技巧分享	徐玉树	38.00 元	978-7-80165-958-3	2013 年 8 月第 1 版
2. 生产企业免抵退税实务 ——经验·技巧分享(第二版)	徐玉树	42.00 元	978-7-80165-936-1	2013 年 2 月第 2 版
3. 外贸企业出口退(免)税常 见错误解析 100 例	周朝勇	49.80 元	978-7-80165-933-0	2013 年 2 月第 1 版
4. 生产企业出口退(免)税常 见错误解析 115 例	周朝勇	49.80 元	978-7-80165-901-9	2013 年 1 月第 1 版
5. 外贸企业出口退税操作手册	中国出口 退税咨询网	42.00 元	978-7-80165-818-0	2011 年 5 月第 1 版
6. 生产企业免抵退税从入门 到精通	中国出口退 税咨询网	98.00 元	978-7-80165-695-7	2010 年 1 月第 1 版
7. 出口涉税会计实务精要 (《外贸会计实务精要》 第 2 版)	龙博客 工作室	32.00 元	978-7-80165-660-5	2009 年 9 月第 2 版

📖 外贸企业管理子系列

小企业做大外贸的四项修炼	胡伟锋	26.00 元	978-7-80165-673-5	2010 年 1 月第 1 版

📖 国际贸易金融子系列

1. 国际贸易金融服务全程通 (第二版)	郭党怀 张丽君 张贝	43.00 元	978-7-80165-864-7	2012 年 1 月第 2 版
2. 国际结算与贸易融资实务	李华根	42.00 元	978-7-80165-847-0	2011 年 12 月第 1 版

📖 毅冰谈外贸子系列

1. 毅冰私房英语书 ——七天秀出外贸口语	毅 冰	35.00 元	978-7-80165-965-1	2013 年 9 月第 1 版

"实用型"报关与国际货运专业教材

1. 进出口商品归类实务(2012 修订版)	林 青	45.00 元	978-7-80165-902-6	2013 年 1 月第 2 版
2. 现代关税实务(第 2 版)	李 齐	35.00 元	978-7-80165-862-3	2012 年 1 月第 2 版
3. 国际贸易单证实务(第 2 版)	丁行政	45.00 元	978-7-80165-855-5	2012 年 1 月第 2 版
4. 报关实务(第 3 版)	杨鹏强	45.00 元	978-7-80165-825-8	2011 年 9 月第 3 版
5. 海关概论(第 2 版)	王意家	36.00 元	978-7-80165-805-0	2011 年 4 月第 2 版

6. 电子口岸实务	杨鹏强 林青	30.00元	978-7-80165-771-8	2010年9月第1版
7. 国际集装箱班轮运输实务	林益松 郑海棠	43.00元	978-7-80165-770-1	2010年9月第1版
8. 报检实务	孔德民	30.50元	978-7-80165-717-6	2010年5月第1版
9. 国际货运代理操作实务	杨鹏强	45.00元	978-7-80165-709-1	2010年1月第1版

待出：
供应链管理实务

"精讲型"国际贸易核心课程教材

1. 外贸单证实训精讲	龚玉和 齐朝阳	42.00元	978-7-80165-937-8	2013年4月第1版
2. 外贸英语函电实务精讲	傅龙海	42.00元	978-7-80165-935-4	2013年2月第1版
3. 国际结算实务精讲	庄乐梅 李菁	49.80元	978-7-80165-929-3	2013年1月第1版
4. 报关实务精讲	孔德民	48.00元	978-7-80165-886-9	2012年6月第1版
5. 国际电子商务实务精讲	冯晓宁	45.00元	978-7-80165-874-6	2012年5月第1版
6. 国际贸易实务精讲（第5版）	田运银	45.00元	978-7-80165-863-0	2012年2月第5版
7. 国际贸易单证精讲（第3版）	田运银	45.00元	978-7-80165-852-4	2012年1月第3版
8. 国际商务谈判实务精讲	王慧 唐力忻	26.00元	978-7-80165-826-5	2011年9月第1版
9. 国际贸易操作实训精讲	田运银 胡少甫 史理 朱东红	49.80元	978-7-80165-823-4	2011年8月第1版
10. 国际会展实务精讲	王重和	38.00元	978-7-80165-807-4	2011年5月第1版
11. 国际货运代理实务精讲	杨占林	39.00元	978-7-80165-636-0	2009年6月第1版
12. 海关法教程（第2版）	刘达芳	40.00元	978-7-80165-605-6	2009年3月第2版

"实用型"国际贸易课程教材

| 1. 外贸跟单实务 | 罗艳 | 48.00元 | 978-7-80165-954-5 | 2013年8月第1版 |
| 2. 国际贸易实务 | 丁行政 罗艳 | 48.00元 | 978-7-80165-962-0 | 2013年8月第1版 |

中小企业财会实务操作系列丛书

1. 小企业会计疑难解惑300例	刘华 刘方周	39.80元	978-7-80165-845-6	2012年1月第1版
2. 做顶尖成本会计应知应会150问	张胜	38.00元	978-7-80165-819-7	2011年8月第1版
3. 会计实务操作一本通	吴虹雁	35.00元	978-7-80165-751-0	2010年8月第1版

"关务通"品牌图书

书名	作者	定价	书号	出版时间

📖 关务通·原产地系列

书名	作者	定价	书号	出版时间
1.《原产地实务操作与技巧》	"关务通·原地产系列"编委会	70.00元	978-7-80165-981-1	2013年10月第1版
2.《原产地疑难解惑470例》	"关务通·原地产系列"编委会	70.00元	978-7-80165-983-5	2013年10月第1版
3.《如何从原产地淘金》	"关务通·原地产系列"编委会	90.00元	978-7-80165-982-8	2013年10月第1版

📖 关务通·监管通关系列

书名	作者	定价	书号	出版时间
1.《便捷通关一本通》	"关务通·监管通关系列"编委会	60.00元	978-7-80165-984-2	2013年10月第1版
2.《快速通关自查手册》	"关务通·监管通关系列"编委会	60.00元	978-7-80165-979-8	2013年10月第1版
3.《进出境物品通关攻略》	"关务通·监管通关系列"编委会	60.00元	978-7-80165-978-1	2013年10月第1版
4.《通关典型案例启示录》	"关务通·监管通关系列"编委会	60.00元	978-7-80165-980-4	2013年10月第1版
5.《监管通关政策实用指导手册》	"关务通·监管通关系列"编委会	78.00元	978-7-80165-907-1	2012年10月第1版
6.《通关实务操作与技巧——货物、运输工具篇》	"关务通·监管通关系列"编委会	48.00元	978-7-80165-909-5	2012年10月第1版
7.《通关实务操作与技巧——进出境物品篇》	"关务通·监管通关系列"编委会	26.00元	978-7-80165-905-7	2012年10月第1版
8.《通关疑难解惑720例》	"关务通·监管通关系列"编委会	48.00元	978-7-80165-903-3	2012年10月第1版

📖 关务通·加贸系列

书名	作者	定价	书号	出版时间
1.《加工贸易实务操作与技巧》	"关务通·加贸系列"编委会	60.00元	978-7-80165-927-9	2013年3月第1版
2.《海关特殊监管区域和保税监管场所实务操作与技巧》	"关务通·加贸系列"编委会	60.00元	978-7-80165-926-2	2013年3月第1版
3.《加工贸易疑难解惑280例》	"关务通·加贸系列"编委会	60.00元	978-7-80165-928-6	2013年3月第1版

📖 关务通·稽查系列

书名	作者	定价	书号	出版时间
《小王在海关稽查的日子——企业如何配合海关稽查》	"关务通·稽查系列"编委会	70.00元	978-7-80165-925-5	2013年3月第1版

关务通·双语系列

《国际海关新视野》	上海海关	60.00 元	978-7-80165-918-7	2012 年 12 月第 1 版

关务通·电子口岸系列

1.《电子口岸实用功能》	"关务通·电子口岸系列"编委会	32.00 元	978-7-80165-904-0	2012 年 11 月第 1 版
2.《电子口岸实务操作与技巧——通关篇》	"关务通·电子口岸系列"编委会	55.00 元	978-7-80165-906-4	2012 年 11 月第 1 版
3.《电子口岸实务操作与技巧——加贸篇》	"关务通·电子口岸系列"编委会	55.00 元	978-7-80165-908-8	2012 年 11 月第 1 版
4.《电子口岸疑难解惑 400 例》	"关务通·电子口岸系列"编委会	38.00 元	978-7-80165-910-1	2012 年 11 月第 1 版

待出系列与书目

关务通·加贸系列

1.《<中华人民共和国审定内销保税货物完税价格办法>实用指导手册》　　"关务通·加贸系列"编委会
2.《加工贸易政策实用指导手册》　　"关务通·加贸系列"编委会
3.《加工贸易典型案例启示录》　　"关务通·加贸系列"编委会

以上图书均可在中国海关出版社网上书店（www.hgcbs.com.cn）、当当网、卓越网、京东网及各地新华书店等处购买。若有其他购书意向，请与本社发行部联系，联系电话:(010)65195616/5127/4221/4238/4246。

若想了解更多书讯，可关注中国海关出版社官方微信平台，微信号：hgbook。